Okko Herlyn · **Taufe. Ich sage Ja**

Okko Herlyn

Taufe

Ich sage Ja

neukirchener

Bibliografische Information der Deutschen Nationalbibliothek:
Die Deutsche Nationalbibliothek verzeichnet diese Publikation in der Deutschen Nationalbibliografie; detaillierte bibliografische Daten sind im Internet über http://dnb.d-nb.de abrufbar.

Umschlaggestaltung: Grafikbüro Sonnhüter, www.grafikbuero-sonnhueter.de, unter Verwendung eines Bildes von © Mr.C0711 (Shutterstock)
Lektorat: Viktoria Tersteegen
DTP: Burkhard Lieverkus, Wuppertal
Verwendete Schriften: Chaparal Pro, Museo Sans
Gesamtherstellung: Drukarnia Dimograf Sp. z o.o, Bielsko-Biała
Printed in Poland
ISBN 978-3-7615-6929-0 (Print)
ISBN 978-3-7615-6930-6 (E-Book)

www.neukirchener-verlage.de

Inhaltsverzeichnis

I. „SCHADEN KANN'S NICHT"

Taufe – warum eigentlich?

1

Parkplätze an einem Supermarkt sind wahrscheinlich dazu da, dass man immer mal wieder Leute trifft, mit denen man im Moment nicht gerechnet hat. So wie neulich bei Jennifer und Thorsten, als ihnen zufällig Pfarrer Holtkamp über den Weg läuft. Was sagt man da so auf die Schnelle? Zum Glück können beide berichten, dass sie vor ein paar Monaten stolze Eltern einer kleinen Alina geworden sind.

„Ja, dann herzlichen Glückwunsch euch beiden", sagt Holtkamp. Seit Jennifers Konfirmation vor etwa zehn Jahren ist er in seiner pastoralen Väterlichkeit seinerseits einfach beim „Du" geblieben. „Da kann man euch ja nur alles Gute wünschen. Nun seid ihr ja schon eine richtige kleine Familie. Wenn ich bei der Gelegenheit einfach mal fragen darf: Wie sieht es denn mit Taufe aus und so?" „Tja, habe ich auch schon dran gedacht", sagt Jennifer, „aber ich weiß noch nicht so genau." „Na, dann kommt doch einfach mal vorbei. Wir können in Ruhe über alles sprechen."

Wenige Wochen später sitzen Jennifer und Thorsten bei Pfarrer Holtkamp in dem Zimmer mit den vielen Büchern. Ihre kleine Alina haben sie gleich mitgebracht. „Schön, dass ihr da seid", begrüßt Holtkamp sie freundlich. „Wie geht's euch denn so als jungen Eltern?" Beide erzählen ein bisschen von den Monaten der Schwangerschaft, von der Geburt, die nicht ganz einfach war, und von ihren ersten elterlichen Erfahrungen. Von Pampers, geeigneter Babynahrung und einem bei Ebay günstig erstandenen Kinderwagen. Und natürlich von der einen oder anderen viel zu kurzen Nacht, an die man sich erst einmal gewöhnen müsse. „Aber man wird ja auch entschädigt", sagt Thorsten. „Gucken Sie nur, wie charmant die Kleine Sie anlächelt."

„Ja, Kinder sind schon ein Segen", sagt Holtkamp, „auch wenn es später nicht immer ganz einfach wird. Ich spreche da auch ein wenig aus eigener Erfahrung. Aber zurück zu euch. Ihr wollt also eure Alina taufen lassen. Find ich gut. Darf man fragen: warum?"

„Na ja", beginnt Jennifer etwas zögerlich, „ich weiß auch nicht so genau, aber das ist doch irgendwie so üblich. Ich selbst bin ja auch getauft. Wissen Sie, heutzutage bricht so vieles an Traditionen weg. Da finde ich es wichtig, dass man wenigstens noch ein bisschen an guten alten Sitten und Gebräuchen festhält. Meine Oma war übrigens direkt dafür, als ich ihr von unserer Begegnung neulich erzählt habe. Jetzt sag du doch auch mal was." Jennifer stößt ihren Mann leicht in die Seite.

„Ich sehe das ähnlich", ist jetzt auch Thorsten im Thema angekommen. „Ich bin zwar kein großer Kirchgänger, aber Taufe und so finde ich schon wichtig. Ich spiele ja hier beim VfL in der Zweiten. Torwart. Also ohne mein Maskottchen geht da gar nichts. Einige bekreuzigen sich vor dem Anpfiff oder schicken ein Gebet zu Allah. Der Ball ist rund, wie man so sagt. Und passieren kann immer was. So ähnlich stelle ich mir das auch mit der Taufe vor. Auch im Leben kann immer mal was passieren. Man weiß ja nie. Vielleicht ist die Taufe so eine Art Versicherung gegen die Restrisiken des Lebens. Schaden kann's jedenfalls nicht."

2

Warum eigentlich taufen? Gute Frage. Jennifer und Thorsten haben für sich bereits zwei verschiedene Antworten gefunden, die wir uns noch einmal in Ruhe ansehen wollen.

Jennifer begründet die Taufe ihres Kindes damit, dass das „so üblich" sei. Zumindest für sie und ihre Familie. Sie selbst wurde schließlich auch getauft. Viele Dinge im Leben sind ja üblich. Das Grüßen der Nachbarn, das Mitbringsel bei einem Besuch, „Gesundheit“ sagen, wenn in der Nähe jemand niest. Manche selbstverständlichen Gewohnheiten erleichtern einfach das Leben. Man muss schließlich nicht bei allem und jedem immer wieder neu und lange über dessen tieferen Sinn nachdenken.

Auch in der Bibel werden uns verschiedene Gewohnheiten geschildert, die für die Menschen der damaligen Zeit offenbar selbstverständlich waren. Etwa das Einhalten der Feiertage, das Achten der Gebote oder der Segensspruch über dem Essen. Von Jesus selbst wird uns berichtet, dass er am Sabbat – wie es dort heißt – „nach seiner Gewohnheit“ in die Synagoge ging (Lukas 4,16). Wenn nun Jennifer ihren Taufwunsch damit begründet, dass das in ihrer Familie „so üblich“ sei, so scheint sie sich damit zunächst in durchaus respektabler Gesellschaft zu befinden. Gewohnheiten gehören nun einmal zu unserem Leben.

Kein Wunder, wenn wir wie selbstverständlich das Bedürfnis verspüren, gute Gewohnheiten nun auch an die nachfolgende Generation weiterzugeben: ordentliche Tischmanieren, höfliche Umgangsformen, ausgewogene Ernährung, regelmäßige Bewegung. Vieles, was für uns selbst üblich ist, weil es sich eben auch bewährt hat, reichen wir gerne an Kinder und Enkel weiter: mancherlei praktische Fertigkeiten, die eine oder andere

Lebenserfahrung, Wertvorstellungen und Erziehungsprinzipien. Jennifer ist aus guter Familientradition getauft. Warum sollte ihre Tochter nicht auch getauft werden?

Und auch das kennen wir aus der Bibel. Immer wieder begegnet uns dort die Aufforderung, das, was man selbst von seinen Eltern mitbekommen hat, an seine Kinder und Kindeskinder weiterzugeben. „Was wir gehört haben und wissen und unsre Väter uns erzählt haben, das wollen wir nicht verschweigen ihren Kindern" (Psalm 78,3f) – so oder ähnlich lesen wir es an mehr als einer Stelle.

Doch die ganze Angelegenheit hat auch ihre Schattenseite. Selbst ursprünglich gute Gewohnheiten können mit der Zeit ihren Sinn verlieren und zu einem leeren Ritual verdorren. Mit dem Hinweis, „dass das so üblich ist" oder „immer schon so war", kann auch eine unbequeme Frage schnell zum Verstummen gebracht und manch eine neue Idee im Keim erstickt werden. Dass die Taufe in Jennifers Familie „so üblich" ist, mag so sein. Aber reicht es hin, um nun auch Alina taufen zu lassen?

Es fällt doch auf, dass die Bibel die Weitergabe von Traditionen immerhin an bestimmte *Inhalte* bindet: „Wir verkündigen dem kommenden Geschlecht den Ruhm des Herrn und seine Macht und seine Wunder, die er getan hat“ (Psalm 78,4). In der Bibel werden Traditionen nicht um der Tradition, sondern um *Gottes* Willen weitergegeben. Das ist noch einmal etwas anderes als eine bloße „gute Gewohnheit“. So wird z. B. berichtet, dass das Volk Israel auf dem Weg ins Gelobte Land beim Durchzug durch den Jordan aufgefordert wird, ein paar Gedenksteine aufzurichten. Warum? Antwort: „Wenn eure Kinder später einmal fragen: Was bedeuten euch diese Steine?, so sollt ihr ihnen sagen ...“ (Josua 4,6f). Und dann erfolgen die Berichte über Gottes Befreiungstat, die eben von Generation zu Generation weiterzugeben sind. Der Frage, was das im Hinblick auf die Taufe bedeutet, werden wir also noch nachgehen müssen.

Thorsten hat eine andere Begründung für die Taufe seines Kindes gefunden: „eine Art Versicherung gegen die Restrisiken des Lebens“. Ist das so verkehrt? Versicherungen sind ja grundsätzlich nichts Verwerfliches. Mit Recht lassen wir uns gegen manches Risiko, das sonst nur schwer zu stemmen wäre, versichern: Unfall, Krankheit, Altersarmut, Feuer, Sturm und Hagel oder einen unvorhersehbaren Reiserücktritt. Versicherungen sind zunächst einmal ein Ausdruck dafür, dass wir mit den Risiken des Lebens, die ja niemand ganz im Griff haben kann, verantwortlich umgehen. Und dennoch bleibt immer ein Rest. Alles ist eben doch nicht vollständig in den Griff zu kriegen. Weder auf dem Fußballplatz noch im Leben. Warum nicht auch dafür Vorsorge tragen?

Und auch hier scheint sich Thorsten in respektabler biblischer Gesellschaft zu befinden. Nicht zu zählen sind die vielen Bitten an Gott um Bewahrung, um Schutz, um Rettung aus unvorhergesehener Not, wie sie uns etwa in den Psalmen begegnen: „Neige deine Ohren zu mir, hilf mir eilends! Sei mir ein starker Fels und eine Burg, dass du mir helfest!“ (Psalm 31,3) „Herr, mein Fels, meine Burg, mein Erretter; mein Gott, mein Hort, auf den ich traue, mein Schild ... und mein Schutz!“ (Psalm 18,3). Also ist die Taufe eine Art Versicherung gegen Lebensrisiken, die anderweitig nicht abgedeckt sind? Auch diese Frage werden wir im Auge behalten.

3

Warum eigentlich taufen? Wenn wir diese Frage einmal direkt an die Bibel richten, so gibt es dort – bei allem Respekt vor guten Gewohnheiten und nachvollziehbaren Sicherheitsbedürfnissen – eigentlich nur eine Antwort. Die Kirche tauft aus dem einfachen Grund, weil Jesus Christus es so *geboten* hat: „Gehet hin und lehret alle Völker: Taufet sie auf den Namen des Vaters und des Sohnes und des Heiligen Geistes und lehret sie halten alles, was ich euch befohlen habe. Und siehe, ich bin bei euch alle Tage bis an der Welt Ende“ (Matthäus 28,19f). Dieser unmissverständliche Taufauftrag ist der eigentliche Grund für die Taufe – bis zum heutigen Tag.

Allein diese Tatsache könnte Jennifer schon einmal ein wenig entlasten. Denn in dem unscheinbaren Nebensatz, wonach auch ihre Oma für die Taufe der Enkelin sei, könnte sich ja auch ein kleiner moralischer Druck verbergen. Und auch das kennen wir: Etwas tun, weil man nicht nur selbst es will, sondern weil auch andere es wünschen. Doch nicht jeder Wunsch anderer taugt etwas. Erwartungen von Seiten der Eltern oder Großeltern können auch psychischen Stress machen. Und manch ein von Seiten der Jungen gedankenlos übernommener Wunsch der Alten hat auch schon Schaden angerichtet.

So könnte Jennifer, sofern sie das aus dem Konfirmandenunterricht noch behalten hat, auf die Warum-Frage von Pfarrer Holtkamp schlicht darauf verweisen, dass sie gerne – Familientradition hin oder her – dem Taufgebot Jesu folgen möchte. Zumal es ja auch Menschen gibt, die auf solche Familientraditionen gar nicht zurückgreifen können – und dennoch die Taufe wünschen.

Deshalb sind gute Familientraditionen noch lange nicht überflüssig. So könnte Jennifer z. B. ihre Oma einmal fragen, was genau sie mit ihrem Taufwunsch verbindet. Ist es ihrerseits etwa auch nur eine bloße Familientradition? Oder könnte sie bei der Gelegenheit etwas davon erzählen, was ihre eigene Taufe für sie und ihr Leben bedeutet? Weshalb ist es ihr wichtig, zu Jesus Christus und zu seiner Gemeinde zu gehören? Es könnte vielleicht sogar sein, dass das ein etwas längeres Gespräch wird. Eben damit Alina am Ende nicht nur deshalb getauft wird, weil das „so üblich" ist.

Es gibt also einen unmissverständlichen Auftrag zur Taufe – durch Jesus Christus. Mit ihm fängt alles an. Grund genug, uns ein wenig in der Bibel umzusehen. Wie war das eigentlich mit der Taufe – damals?

II. „TAUFEN" KOMMT VON „UNTERTAUCHEN"

Wie alles anfing

Mit Jesus Christus fängt die Taufe an. Genauer gesagt: die Taufe „auf den Namen des Vaters und des Sohnes und des Heiligen Geistes". Das ist der Anfang. Doch es gibt da eine Vorgeschichte. Im Neuen Testament lesen wir, dass es vor Jesu Taufbefehl bereits eine andere Taufe gegeben hat, die Taufe durch Johannes den Täufer. Eine merkwürdige Geschichte.

1

Wir treffen diesen Johannes in jenen Tagen am Ufer des Jordan, irgendwo in der Wüste. Eine etwas absonderliche Gestalt. Schon äußerlich. Umwandet mit einem Kleid aus Kamelhaaren und einem ledernen Gürtel ernährt er sich von Heuschrecken und wildem Honig. Außergewöhnliches erregt natürlich immer sogleich Neugier. Das kennen wir. Heutzutage lebt nicht nur die Regenbogenpresse davon. So verwundert es nicht, dass die Menschen der Umgebung zu Johannes hinströmen. „Da ging zu ihm hinaus Jerusalem und ganz Judäa und das ganze Land am Jordan", heißt es (Matthäus 3,5).

Also immerhin nicht wenige Menschen. Aber was ist es genau, was diese Menschen zu Johannes, dem Sonderling, treibt? Bloße Sensationsgier wegen seines ungewöhnlichen Äußeren? Oder steckt noch etwas anderes dahinter?

Ja, es ist noch etwas anderes. Johannes hat nämlich auch Ungewöhnliches zu *sagen*. Und zwar etwas durch und durch Unangenehmes. Es ist, kurz gesagt, eine ziemlich unverschämte Publikumsbeschimpfung, die er da ablässt. Peter Handke mit seinem berühmten gleichnamigen Theaterstück ist nichts dagegen. Originalton Johannes: „Ihr Otterngezücht, wer hat euch gewiss gemacht, dass ihr dem künftigen Zorn entrinnen werdet? Seht zu, bringt rechtschaffene Früchte der Buße; und nehmt euch nicht vor zu sagen: Wir haben Abraham zum Vater. Denn ich sage euch: Gott kann dem Abraham aus diesen Steinen Kinder erwecken. Es ist schon die Axt den Bäumen an die Wurzel gelegt; jeder Baum, der nicht gute Frucht bringt, wird abgehauen und ins Feuer geworfen." (Lukas 3,7-9)

Uff. Was ist denn das? Da strömen die Leute in Massen hinaus an den Jordan und lassen sich eben mal übel beschimpfen. Einfach so. Einfach so? Nicht ganz. Immerhin fällt irgendwann das Stichwort „Gott". Also eine Predigt? Und dann auch das Wort „Buße". Soll es ja geben, so genannte „Bußpredigten". Niemand hört sie wirklich gern. Aber manchmal sind sie nötig. Etwa dann, wenn Menschen etwas Unrechtes getan haben. Wenn sie verblendet sind oder sich einfach nur verrannt haben. Was die Menschen damals am Jordan konkret getan hatten, wissen wir nicht. Aber offenbar waren sie der Meinung, dass bereits ihre Zugehörigkeit zum Volk Gottes („wir haben Abraham zum Vater") schon ausreichte, um „auf der sicheren Seite" zu sein, wie wir heute sagen würden. „Nix da", schmettert ihnen Johannes entgegen, „so kommt ihr nicht am bevorstehenden Gericht vorbei. Gott kann auch ganz anders."

In Gottes Namen also predigt Johannes „Buße". Das Wort hat unter uns einen faden Beigeschmack. Es klingt nach Zerknirschtheit und Selbsterniedrigung. Wörtlich bedeutet es aber eigentlich „Sinneswandel" oder auch „Umkehr". Was eine Umkehr ist, wissen wir aus dem Straßenverkehr. Wenn man sich völlig verfahren hat, etwa versehentlich in eine Sackgasse geraten ist, nützt einem kein blindes „Weiter so". Dann nützt einem nur noch eine Kehrtwende um 180 Grad. Dazu bedarf es zuvor allerdings einer entsprechenden Einsicht, eines „Sinneswandels". Genau das scheint Johannes dem Volk mit seiner Bußpredigt sagen zu wollen: „Seht es doch ein: Ihr seid auf dem Holzweg. Kehrt um!"

Solche Worte sagt man nicht mal eben so leicht dahin. Es müssen also gravierende Dinge vorgefallen sein, die wir nur erahnen können. Der Hinweis darauf, dass sie sich auf Abraham als Garanten ihrer religiösen Sicherheit berufen, lässt vermuten, dass sie wohl grundsätzlich Gott einen guten Mann sein ließen und seine Gebote nicht mehr wirklich ernst genommen hatten. Wohin eine solche Einstellung führt, kennen wir aus vielen biblischen Geschichten. Von Ahab, dem König, der in seiner Gottvergessenheit zum Schreibtischmörder wird (1.Könige 21) bis zu jenem Priester, der gleichgültig an einem Schwerverletzten vorbeigeht (Lukas 10,31). Es gibt menschliche Verhaltensweisen, die ganz und gar nicht harmlos sind, und wo es dann auch kein „alles halb so wild" oder andere Beschwichtigungen mehr geben kann. Wo es dann nur noch mit einer entschieden anderen *Haltung* und einem ebenso entschieden anderen *Verhalten* getan ist. Johannes würde „Sinneswandel", „Umkehr" oder eben „Buße" sagen.

Doch wir sind mit der Geschichte noch nicht ganz durch. Die Leute damals hören sich die harte Bußpredigt des Johannes nicht einfach achselzuckend an, um dann mehr oder weniger beeindruckt wieder in ihren Alltag zurückzukehren. Vielmehr sind sie von dieser Predigt offenbar so tief erschüttert, dass sie sich tatsächlich bereit zur Umkehr zeigen und Johannes fragen, was sie denn nun um Gottes Willen tun sollen. Seine Antwort: „Wer zwei Hemden hat, der gebe dem, der keines hat; und wer Speise hat, tue ebenso." Und zu den Zöllnern, die als Ausbeuter verschrien sind: „Fordert nicht mehr, als euch vorgeschrieben ist!" Schließlich zu den Soldaten: „Tut niemandem Gewalt noch Unrecht und lasst euch genügen an eurem Sold!" (Lukas 3,10-14). Und um seiner Predigt Nachdruck zu verleihen, ruft er die Menschen auf, sich zum Zeichen ihres Sinneswandels und ihrer beabsichtigten Umkehr *taufen* zu lassen. Taufen? Das ist erklärungsbedürftig.

Das im biblischen Text begegnende Wort „taufen" bedeutet ursprünglich eigentlich „untertauchen". Die Ähnlichkeit der beiden deutschen Wörter kommt nicht von ungefähr. Wahrscheinlich hat man sich die Taufe des Johannes so vorzustellen, dass er die Menschen, die zur Umkehr bereit waren, im Jordan schlichtweg untergetaucht hat. Eine eindrucksvolle Zeichenhandlung. So wie das Wasser des Jordans, der an manchen Stellen sogar eine ziemliche Strömung aufweist, von äußerlichem Schmutz reinigt, so sollen nun auch die Sünden der Vergangenheit weggespült sein. Dieses Untertauchen erinnert ein wenig an die in Israel üblichen kultischen Reinigungsriten. Was als rein bzw. unrein zu gelten hat, war seit alters detailliert in den Reinigungsgesetzen festgelegt (vgl. 3.Mose 11-15). Im Unterschied zu diesem *kultischen* Verständnis der Reinigung hat die Taufe des Johannes einen deutlich anderen, einen *ethischen* Charakter. In Haltung und Verhalten des Täuflings soll nun etwas anders werden: „Tut Buße!"

Und auch das ist noch nicht alles. Johannes der Täufer begründet nämlich seinen Bußruf mit den Worten „denn das Himmelreich ist nahe herbeigekommen" (Matthäus 3,2). Offenbar war das für ihn mit der Erwartung eines Messias verknüpft: „Nach mir kommt der, der stärker ist als ich" (Markus 1,7). „Messias" bedeutet wörtlich „Gesalbter". In der Sprache des Neuen Testaments: „Christus". Da in damaliger Zeit vor allem Könige gesalbt wurden, war die Hoffnung auf einen Messias, auf einen Christus, im Grunde nichts Anderes als die Hoffnung auf einen neuen König. Am besten so einer wie der alte, erfolgreiche König David. Also jemand, der mit Macht das Volk befreit und allem Unrecht ein Ende bereitet. Dieses neue „Reich" war nun nach Meinung des Johannes „nahe herbeigekommen". Wie man sich denken kann, eine äußerst brisante Botschaft angesichts der zu dieser Zeit tatsächlich herrschenden Besatzung Israels durch die Römer. Vielleicht war das sogar der eigentliche Grund, weshalb die Leute in Scharen zu diesem sonderbaren Prediger hinströmten. Verständlich wäre es.

2

Nun passiert mitten im Trubel mit einem Mal etwas Unvorhergesehenes. Plötzlich steht Jesus am Ufer. Will er etwa dem Täufer bei den vielen Taufen ein wenig unter die Arme greifen? Mitnichten. Auch er will von Johannes getauft werden. Dieser reagiert geradezu geschockt: „Ich bedarf dessen, dass ich von dir getauft werde, und du kommst zu mir?“ (Matthäus 3,14) Doch Jesus beharrt darauf. Auch er lässt sich von Johannes taufen. Wenig später, so lesen wir, „tat sich ihm der Himmel auf, und er sah den Geist Gottes wie eine Taube herabfahren und über sich kommen. Und siehe, eine Stimme aus dem Himmel sprach: Dies ist mein lieber Sohn, an dem ich Wohlgefallen habe“ (3,16f).

Jesus, der Sohn Gottes, lässt sich von Johannes dem Täufer taufen. Das ist allerdings schon sehr merkwürdig. Hatten wir nicht soeben festgestellt, dass die Taufe des Johannes ein Zeichen der Umkehr von einem falschen, ja sündhaften Lebensweg bedeutet? Von was für einem falschen, sündhaften Lebensweg soll er, der Sohn Gottes, denn bitte schön umkehren?

Die Geschichte berührt hier eines der tiefsten Geheimnisse des Glaubens. Der Apostel Paulus beschreibt das später so: „Er (Gott) hat den, der von keiner Sünde wusste, für uns zur Sünde gemacht, auf dass wir in ihm die Gerechtigkeit würden, die vor Gott gilt“ (2.Korinter 5,21). Mit seiner Taufe am Jordan begibt sich Jesus, „der von keiner Sünde wusste“, selbst mitten unter die Sünder, mitten unter uns. Er solidarisiert sich mit all denen, die unter der Last ihrer eigenen Taten zusammenzubrechen drohen. Schon jetzt deutet sich an, was ihm später geradezu zum Vorwurf gemacht wird: „Mit den Zöllnern und Sündern isst er“ (Markus 2,16). Er, der Messias, der erhoffte König, tritt sein Königtum nicht mit Glanz und Gloria, Pomp und Machtdemonstrationen an. Schon jetzt geht er einen anderen Weg. Den Weg, der in einer armseligen Krippe beginnt und dann schmachvoll am Kreuz endet. Genau zu diesem sagt Gott: „Dies ist mein lieber Sohn.“ Und genau diesen wird er dereinst vom Tod zu neuem Leben erwecken. Jesu Taufe am Jordan – was für eine eindrucksvolle Ouvertüre zu dem, was dann noch folgen wird und wovon wir sicher noch das eine oder andere hören werden.

Ob Jesus anschließend selber getauft hat? Darüber gehen die Meinungen auseinander. Schon in der Bibel (vgl. Johannes 3,22 mit 4,2). Eine konkrete Geschichte gibt es jedenfalls nicht dazu. Vielleicht war es für die Evangelisten auch nicht so wichtig. Entscheidend war für sie etwas anderes, nämlich dass sich der, der sich vom Anfang bis zum Ende mitten unter die Menschen begibt, einen letzten, bindenden Auftrag hinterlässt: „Tauft sie auf den Namen des Vaters und des Sohnes und des Heiligen Geistes ...“ Nun erst beginnt die eigentliche Geschichte der christlichen Taufe, die bis heute reicht.

Aber was bedeutet es, wenn die Kirche nicht wie Johannes der Täufer unter dem Vorzeichen eines drohenden Gerichts, sondern auf den Namen des dreieinigen Gottes tauft? Wenn wir es in der Taufe nicht mit Angstmache, sondern mit der befreienden Botschaft des Evangeliums zu tun bekommen? Was ist überhaupt der Sinn der christlichen Taufe?

III. „ER ZOG SEINE STRASSE FRÖHLICH"

Was die biblischen Taufgeschichten zu sagen haben

Wir kommen dem Sinn der Taufe am ehesten auf die Spur, wenn wir einfach ein paar biblische Taufgeschichten erzählen. Geschichten, in denen geschildert wird, wie es verschiedenen Menschen damals mit der Taufe ergangen ist. Was es für sie bedeutete, getauft zu sein. Oder auch was sich mit der Taufe in ihrem Leben überhaupt verändert hat. Die Apostelgeschichte im Neuen Testament ist voll von solchen Geschichten.

1

Die erste (Apostelgeschichte 2) führt uns auf ein großes jüdisches Fest. In Jerusalem wird gerade „Schawuot" gefeiert, vergleichbar unserem Erntedankfest. Aus aller Herren Länder strömen die Menschen zusammen. Plötzlich, so wird uns berichtet, geschieht vom Himmel her ein wundersames Brausen. In Gestalt von Feuerflammen setzt sich der Heilige Geist auf die Köpfe der Jünger. Aber das Erstaunlichste ist: Sie, die einfachen Leute aus der Provinz, können mit einem Mal so reden, dass es alle verstehen, egal ob jemand aus Arabien, Mesopotamien oder Pamphylien kommt, wo auch immer das liegen mag. Klar, dass die meisten Umstehenden mit Ratlosigkeit und Entsetzen reagieren. Andere führen das Verhalten der Jünger schlicht auf übertriebenen Alkoholgenuss zurück. Wir kennen das. „Du bist ja besoffen“, sagen wir gerne, wenn jemand vielleicht nur eine verrückte Idee hat.

Einer der Jünger, Petrus, hat in der Tat eine, wenn man so will, verrückte Idee. Er erzählt einfach von Jesus. Von seinen vielen „Taten und Wundern und Zeichen“. Von seinem schmählichen Ende. Vor allem aber von seiner wunderbaren Auferweckung von den Toten und ehrenvollen Erhöhung zu Gott. Das alles nicht ohne einen moralischen Seitenhieb, der an Johannes den Täufer erinnert. „So wisse nun das ganze Haus Israel gewiss“, so beendet er seine lange Predigt, „dass Gott diesen Jesus, den ihr gekreuzigt habt, zum Herrn und Christus gemacht hat“ (36).

Es geschieht nicht besonders oft, dass jemand durch die Worte einer Predigt erschüttert wird. Doch hier ist es so: „Als sie aber das hörten“, so heißt es, „ging’s ihnen durchs Herz und sie sprachen zu Petrus und den anderen Aposteln: Ihr Männer, liebe Brüder, was sollen wir tun? Petrus sprach zu ihnen: Tut Buße und jeder von euch lasse sich taufen auf den Namen Jesu Christi zur Vergebung eurer Sünden, so werdet ihr empfangen die Gabe des Heiligen Geistes" (37f). Die Sache mit der Buße hatten wir bei Johannes dem Täufer bereits geklärt. Neu ist – ganz im Sinne von Jesu Taufbefehl – das Taufen „auf den Namen Jesu Christi" und die Verheißung des Heiligen Geistes. Anschließend lassen sich etwa dreitausend Menschen taufen. Eine Zahl, von der man heute nur noch träumen kann.

Aber was ändert sich für diese Menschen mit ihrer Taufe? Um es kurz zu machen: eine ganze Menge. Fast hat man das Gefühl, ihr ganzes Leben wird dadurch auf den Kopf gestellt. Eindrucksvoll wird geschildert, wie sich mit einem Mal ganz neue Gemeinschaften bilden. Wie diese sich – ob im Tempel oder in ihren Wohnungen – regelmäßig treffen. Wie sie miteinander essen und trinken, immer wieder von Jesus Christus erzählen, gemeinsam das Abendmahl halten und miteinander beten. Dabei passieren, wie es heißt, „viele Zeichen und Wunder", also Dinge, die man bis jetzt nicht für möglich gehalten hat. Etwa ein ganz neues Verhältnis zum persönlichen Eigentum. Das, was uns meist so überaus wichtig, manchmal sogar regelrecht „heilig" ist, das scheint für diese Menschen mit einem Mal nicht mehr von so großer Bedeutung zu sein. Wir lesen: „Sie hatten alle Dinge gemeinsam." Ja, mehr noch: „Sie verkauften Güter und Habe und teilten sie aus unter alle, je nachdem es einer nötig hatte" (45). Unglaublich. Und das Ganze „mit Freude und lauterem Herzen“. Wenn das keine „Zeichen und Wunder“ sind.

So etwas bleibt natürlich nicht verborgen. Andere werden mit Recht aufmerksam. Was mögen das für Menschen sein, diese Christen? Sie verhalten sich so anders, als wir es gewohnt sind. Sie sind ja geradezu verrückt, „positiv verrückt“, wie man heute unter Fußballern gerne sagt. Und: Sie „finden Wohlwollen beim ganzen Volk“. Doch das scheint etwas anderes zu sein, als sich irgendwie beim Volk einzuschmeicheln, sich gar zu bemühen, „everybody's darling“ zu sein. Denn das, was an diesen Menschen nun so anders ist, muss ja durchaus nicht jedermanns Sache sein, ist ja womöglich auch mit der ein oder anderen Unbequemlichkeit – siehe Güterteilung – verbunden. Und dennoch: „Wohlwollen beim ganzen Volk“. So kann es also manchmal auch gehen.

2

Die zweite Geschichte (Apostelgeschichte 8,26-40) entführt uns weit weg in die Wüste. Am Horizont sehen wir vom Norden her einen Wagen auf uns zurollen. Je näher er kommt, desto deutlicher erkennen wir nun auch den Menschen, der in dem Wagen sitzt. Er sieht vornehm aus. Woher mag er kommen? Wohin unterwegs sein? Bald stellt sich heraus, dass der Mann eigentlich aus Afrika, also aus dem Süden, stammt, genauer: aus Äthiopien. Dort bekleidet er einen hohen Posten, nämlich den eines Kämmerers der dortigen Königin. Nun befindet er sich auf der Rückreise von Jerusalem, wo er wohl an einem Fest teilgenommen hat. Von dort hat er sich ein interessantes Souvenir mitgenommen: eine alte Schriftrolle. Sie stammt von dem Propheten Jesaja. Das Problem des Afrikaners: Er versteht sie nicht. Was soll man auch mit so Sätzen anfangen wie: „Wie ein Schaf, das zur Schlachtung geführt wird, und wie ein Lamm, das vor seinem Scherer verstummt, so tut er seinen Mund nicht auf …" (32).

Wie der Zufall es will, nein: wie Gott es will, steht mit einem Mal Philippus am Wegesrand, mitten in der Einöde. Ein Diakon der Jerusalemer Gemeinde und mittlerweile offenbar so eine Art Wanderprediger. Als der äthiopische Kämmerer ihn sieht, lässt er den Wagen anhalten und bittet Philippus aufzusteigen. Dieser bemerkt sogleich, dass der Kämmerer da irgendetwas murmelnd vor sich hin liest. „Verstehst du auch, was du liest?", fragt er vorsichtig an. „Wie kann ich", antwortet der Kämmerer, „wenn mich nicht jemand anleitet?" (30f).

Jetzt schlägt für Philippus die große Stunde. Er ist in den Schriften der Bibel durchaus bewandert. Manches Mal schon hat er das Evangelium unter die Leute gebracht, hat getauft und in Jesu Namen die eine oder andere wunderbare Tat vollbracht. „Von wem redet der Prophet da", fragt ihn der Kämmerer, „von sich selber oder von jemand anderem?" (34). Nun kann Philippus richtig loslegen. Mit dem „Schaf, das zur Schlachtung geführt wird" bzw. dem „Lamm, das vor seinem Scherer verstummt", so erläutert er, sei niemand anderes als Jesus Christus gemeint. Und dann, einmal in Fahrt gekommen, erzählt er dem Kämmerer alles, was er von Jesus weiß. Wie er auf die Welt gekommen ist, den Menschen zu helfen. Wie er aber immer mehr abgelehnt und verfolgt wurde. Wie er das alles, eben „wie ein Schaf, das zur Schlachtung geführt wird" ertrug und getötet wurde. Aber auch, wie ihn Gott am dritten Tage von den Toten auferweckt hat. Also das ganze Evangelium.

Der Mann aus Afrika ist von dem, was Philippus ihm erzählt, dermaßen beeindruckt, dass in ihm spontan der Wunsch entsteht, auch zu diesem Jesus Christus zu gehören und sich ebenfalls taufen zu lassen. Zum Glück ist gerade eine Wasserstelle in der Nähe. Vorsichtig taucht Philippus den Kämmerer unter und tauft ihn im Namen Jesu. Der Kämmerer fühlt sich offenbar, wie man so schön sagt, „wie neu geboren". Jedenfalls zieht er, wie es am Ende der Geschichte heißt, „seine Straße fröhlich". Das mit der Freude hatten wir schon einmal bei der ersten Taufgeschichte.

3

Die dritte und vorläufig letzte Taufgeschichte (Apostelgeschichte 16,23-34) spielt noch einmal ganz woanders: in Philippi, einer Stadt in Mazedonien auf dem Gebiet des heutigen Griechenlands. Wir treffen den Apostel Paulus zusammen mit seinem Freund Silas im Gefängnis von Philippi. Nachdem man sie zuvor ihrer Kleider beraubt und mit Stockschlägen misshandelt hat, liegen sie nun gefesselt in einem finsteren Verließ, die Füße in einem so genannten „Block“, einer besonders schweren Form der Gefangennahme. Was war vorgefallen? Eigentlich nichts Besonderes, jedenfalls nichts Böses. Die beiden hatten nichts anderes getan als das, wozu sie sich berufen wussten: Sie hatten wie auch anderenorts das Evangelium verkündigt und zudem im Namen Jesu eine Frau von einem Wahrsagegeist befreit, mit dem ihre Herren – oder sollen wir sagen: „Zuhälter“? – offenbar viel Geld verdienten. Der Ärger ist vorprogrammiert. Um Paulus und Silas kalt zu stellen, greifen jene Herren zu dem altbewährten Trick einer falschen Beschuldigung. Angeblich sollen die beiden Apostel mit ihrer Botschaft „Aufruhr“ in die Stadt gebracht haben. Leider glaubt ihnen der Richter. Eine himmelschreiende Ungerechtigkeit.

Doch zu unserer großen Verwunderung treffen wir die beiden Freunde nicht in der Pose des Jammerns und

Klagens, wozu sie ja allen Grund hätten, an. Es wird erzählt, dass sie vielmehr beten und – man staune – Gott loben. Eigentlich kaum nachvollziehbar. Wir ahnen, dass es vielleicht damit zusammenhängen könnte, dass sie getauft sind. Dass sie deshalb darum wissen und darauf vertrauen, dass, wie Paulus es später einmal formuliert, „weder Tod noch Leben, weder Engel noch Mächte noch Gewalten, weder Gegenwärtiges noch Zukünftiges, weder Hohes noch Tiefes noch irgendeine andere Kreatur uns scheiden kann von der Liebe Gottes, die in Christus Jesus ist, unserm Herrn" (Römer 8,38f). Und wie zur Bestätigung geschieht nun auch hier ein Wunder: Ein plötzliches Erdbeben lässt die Gefängnismauern wanken. Die Türen öffnen sich, und die Fesseln der Gefangenen fallen ab.

Doch da gibt es noch einen anderen Gefangenen in der Geschichte. Einen, der gar nicht im Kerker sitzt. Es ist – der Aufseher. Der Aufseher? Wieso ist er ein Gefangener? Er, der doch umgekehrt über Gefangene zu wachen hat und ansonsten, wie wir annehmen dürfen, ein freier Bürger ist. Was erfahren wir über ihn? Zunächst den Befehl, die Gefangenen „gut zu bewachen". Sofort spürt man einen gewissen Druck. Ein Befehl ist nun mal keine Bitte. Und: Der Aufseher beugt sich – natürlich – dem Druck. Mehr noch: Er führt den Befehl sogar übergenau aus. Er wirft die Gefangenen in das „innerste Gefängnis und legte ihre Füße in den Block" (24). So reagieren Menschen, die unter Druck stehen. Doch nun passiert diesem übergenauen Befehlsempfänger leider ein menschliches Missgeschick. Er schläft bei der Bewachung ein. Wir kennen das. Man will etwas ganz besonders gut machen und scheitert gerade deshalb.

Die Reaktion: Angesichts der geöffneten Zellentüren will sich der Aufseher ins Schwert stürzen. Das scheint rein logisch gesehen übertrieben, denn für das Erdbeben kann er ja schließlich nichts. Aber psychologisch ist seine Überreaktion durchaus nachvollziehbar. Vor uns steht das Bild eines durch und durch subalternen, durch und durch dienstbeflissenen, angstbesetzen, zwanghaften kleinen Biedermannes. Nur ja nichts falsch machen. Nur ja nicht auffallen. Nur ja nicht anecken. Sich nur ja so verhalten, wie es von einem erwartet wird. Bloß keine Schwäche zeigen. Sein Gefängnis – das sind die Anweisungen und Befehle. Das ist ein autoritäres System. Das ist eine Welt der Erwartungen und Anpassungen. Dieser Mann nun stellt die jetzt gar nicht mehr so unlogische Frage: „Was muss ich tun, dass ich befreit werde?“

Die Antwort des Paulus: „Vertraue Jesus Christus.“ Und dann beginnt er einfach – ähnlich wie vorher Petrus und Philippus – genau von diesem Einen zu erzählen. Daraufhin, so lesen wir, nimmt der Aufseher die Gefangenen zu sich ins Haus, wäscht ihnen die Striemen, deckt den Tisch und – lässt sich mit den Seinen *taufen*. Er, der Biedermann, der angeblich so freie Bürger, erfährt Befreiung auf eine ganz eigene Weise. Eine Taufgeschichte der anderen Art.

Wir halten für einen Moment inne. Sicher könnten wir aus der Bibel noch weitere, noch ganz andere Taufgeschichten erzählen. Etwa von Simon, dem Zauberer aus Samarien (Apostelgeschichte 8,4-13), oder Lydia, der Purpurhändlerin aus Thyatira (16,14f), von Krispus, dem Synagogenvorsteher in Korinth (18,8), oder den zwölf Männern in Ephesus (19,1-7), um nur einige zu nennen. Jede auf ihre Weise interessant. Doch die Frage drängt sich auf: Was haben all diese Geschichten eigentlich mit *uns* zu tun?

IV. ICH SAGE JA

Was die Taufe für uns bedeutet

Taufgeschichten gibt es einige in der Bibel. Aber so interessant sie hier und da auch sein mögen, bei Lichte besehen sind sie doch alle schon ein bisschen her. Deshalb muss die Frage erlaubt sein: Hat die nun schon 2000 Jahre alte Taufe eigentlich noch eine Bedeutung für *uns*? Für uns, die wir ja mittlerweile in ganz anderen Zeiten leben als die Menschen, von denen diese Geschichten berichten. Ein paar Auffälligkeiten können uns vielleicht auf die Spur bringen.

1

Zunächst fällt an allen biblischen Taufgeschichten auf: Den dort geschilderten Taufen geht immer etwas Anderes voraus. Nie ist die Taufe das Erste, sondern immer nur das Zweite, eine Antwort, eine Reaktion auf etwas Vorausgehendes. Dieses Andere ist, um es gleich auf den Punkt zu bringen, das *Evangelium von Jesus Christus*, die Botschaft von Gottes großem Ja zu seinen Menschen. „In ihm“, so heißt es lapidar, „ist das Ja“ (2.Korinther 1,20). Wir erinnern uns: Bevor sich die vielen Menschen in Jerusalem taufen lassen, hören sie erst einmal eine lange Predigt. Und bevor später der Kämmerer in der Wüste ins Wasser hinabsteigt, erzählt ihm Philippus etwas von Jesus. Und bevor schließlich der Gefängniswärter in Philippi sich „mit den Seinen" taufen lässt, hört er erst einmal Paulus und Silas zu, was sie ihm von Jesus Christus zu sagen haben. Ohne das Evangelium von Jesus Christus wäre die Taufe – man muss es so deutlich sagen – ein leeres Ritual, das man eigentlich auch bleiben lassen könnte.

Für Menschen von heute, die sich oder ihre Kinder taufen lassen wollen, bedeutet das, dass sie sich zunächst einmal in Ruhe überlegen sollten, auf was oder besser gesagt: auf wen sie sich oder ihre Kinder mit der Taufe überhaupt einlassen. Damit es ihnen nicht wie dem einstigen englischen Fußballstar David Beckham ergeht. Der hatte nach der Geburt seines ältesten Sohnes öffentlich kundgetan, er werde ihn, wie er sagte, „auf jeden Fall taufen lassen. Wir wissen nur noch nicht, bei welcher Religion." Nein, für die Taufe ist es ganz und gar nicht egal, „bei welcher Religion" sie erfolgt. Auf den Namen des dreieinigen Gottes getauft zu werden, ist nicht x-beliebig austauschbar. Bevor Menschen sich zu einer Taufe entschließen, sollten sie also zunächst einmal jene Botschaft von Jesus Christus überhaupt zur Kenntnis nehmen.

Das kann sicher auf verschiedene Weise geschehen. Eltern, die ihr Kind zu einer Taufe anmelden, werden in der Regel zuvor ein Taufgespräch mit dem zuständigen Pfarrer oder der zuständigen Pfarrerin führen. Darin wird es – neben praktischen Dingen – vor allem darum gehen, gemeinsam auf jenes Evangelium, eben jene Botschaft von Gottes großem Ja zu uns Menschen, zu hören. Was bedeutet es eigentlich, auf den Namen dieses Gottes getauft zu werden? Auch im Taufgottesdienst selbst wird davon vor der Taufhandlung sicher die Rede sein. Nicht viel anders, vielleicht nur etwas ausführlicher, wird es für Menschen sein, die sich später taufen lassen. Etwa einem Kleinkind kann man vor der Taufe bereits Geschichten aus der Kinderbibel vorlesen. Mit jungen Menschen kann man – etwa im Konfirmandenunterricht – noch eingehender über Jesus Christus sprechen. Und erwachsene Menschen, die sich zur Taufe entschließen, haben noch ganz andere Möglichkeiten, sich mit dem Evangelium zu befassen: in gemeindlichen Bibelgesprächen, in Glaubenskursen, in eigenen Taufseminaren oder auch in persönlichen Gesprächen im Pfarrhaus. Zudem gibt es zu dieser Thematik eine Menge durchaus leicht verständliche Literatur. Last but not least ist es schließlich auch nicht verboten, sich in eine eigene Bibellektüre zu vertiefen.

Dabei ist es mit einem einmaligen Hören auf die Botschaft des Evangeliums kaum getan. Auch bereits getaufte Menschen, ob groß oder klein, bleiben darauf angewiesen, sich immer wieder neu klarzumachen, was es heißt, getauft zu sein, also von jenem großen Ja Gottes her zu leben. Warum? Ganz einfach, weil wir schlichtweg so vergesslich sind. Nicht nur, was den Geburtstag der Schwiegermutter oder den Zahnarzttermin angeht, sondern vor allem, wenn es um *Gott* geht. Es wird doch seinen Grund haben, wenn uns die Bibel verschiedentlich auffordert: „Vergiss nicht, was er (der Herr) dir Gutes getan hat" (Psalm 103,2).

Auch wer bereits getauft ist, wird also gut daran tun, immer einmal wieder die Bibel aufzuschlagen, einen Gottesdienst aufzusuchen oder mit anderen über Fragen des Glaubens ins Gespräch zu kommen. Genau genommen ist das Hören des Evangeliums überhaupt kein einmaliger Akt, sondern ein lebenslanger Prozess. Ein Prozess, bei dem es nur natürlich ist, dass auch unsere Art zu glauben nicht immer dieselbe bleiben muss. Selbst der große Apostel Paulus sagt von sich: „Als ich ein Kind war, da redete ich wie ein Kind und dachte wie ein Kind und war klug wie ein Kind; als ich aber ein Mann wurde, tat ich ab, was kindlich war" (1.Korinter 13,11). Warum sollte es mit dem Glauben grundsätzlich anders sein?

2

Und die Taufe selbst? An den biblischen Taufgeschichten fällt auch auf, dass die Menschen, die das Evangelium von Jesus Christus vernehmen, nicht gleichgültig zur Tagesordnung übergehen, sondern immer irgendeine *Reaktion* zeigen. Von den Leuten in Jerusalem beispielsweise hören wir, dass ihnen geradezu ein Stich durchs Herz geht und sie fragen: „Was sollen wir tun?" Antwort: „Kehrt um und lasst euch taufen!" Und der äthiopische Kämmerer hat, nachdem ihm Philippus einiges von Jesus Christus erzählt hat, am Ende offenbar nur noch eine einzige Frage: „Was hindert's, dass ich mich taufen lasse?" Schließlich ist der Gefängnisaufseher in Philippi von der Botschaft, die ihm die Apostel sagen, so überwältigt, dass er sich und seine ganze Familie spontan taufen lässt. Überall also derselbe Wunsch, das Gehörte nicht unbeantwortet zu lassen. Reaktion zu zeigen. Aber wieso gerade mit der Taufe?

In Erinnerung an Johannes den Täufer am Jordan spielt ja bei der Taufe das Wasser eine wichtige Rolle. Entweder im Untertauchen des Täuflings oder, wo gerade kein Fluss, See oder wenigstens ein Schwimmbad in der Nähe ist, im Übergießen mit Wasser. Eine bis heute überaus eindrückliche Zeichenhandlung: So wie das Wasser etwas Altes hinwegspült, so soll nun etwas Neues beginnen. Wer auch immer bisher meinte, über mich bestimmen zu können, nun jedenfalls soll ein Anderer, Jesus Christus, in meinem Leben das Sagen haben. Mit dem Wasser, das mir körperlich überaus nahekommt, wird mir Gottes großes Ja ganz persönlich und verbindlich sozusagen „auf den Leib geschrieben". Die alten Reformatoren nannten die Taufe deshalb auch gerne eine „sichtbare Predigt", etwa im Unterschied zu einer normalen Predigt, die ja bekanntlich nicht zu sehen, sondern nur zu hören ist.

Wer einmal getauft ist, bleibt es. Man kann im Laufe seines Lebens die Konfession oder gar die Religion wechseln, man kann zum Agnostiker oder zur Atheistin werden, man kann zweifeln oder gar verzweifeln – das Getauftsein bleibt. Ganz einfach, weil Gottes Ja bleibt. Also ist die Taufe doch so eine „Art Versicherung gegen die Restrisiken des Lebens", wie Thorsten vermutete? Nein, etwas viel Besseres: die Gewissheit, dass nichts und niemand mich von der Liebe Gottes trennen kann (Römer 8,38f). Von Martin Luther wird berichtet, dass er in Zeiten tiefster Niedergeschlagenheit ein Stück Kreide in die Hand nahm und einfach „Ich bin getauft" auf den Tisch schrieb. Genau das ist es.

Wer sich taufen lässt, lässt also jenes Ja Gottes hautnah an sich herankommen, lässt es gelten, ja, stimmt ihm ausdrücklich zu. Er spricht, wenn man so will, seinerseits auch ein Ja. Er sagt damit schlicht: Ja, ich vertraue jenem großen Ja Gottes. Ja, ich möchte zu Jesus Christus und zu seiner Gemeinde gehören. Ja, ich möchte auf sein Wort hören und seine Gebote ernst nehmen. Zur Taufe gehört nächst dem großen Ja Gottes zum Menschen auch das kleine menschliche Ja zu Gott.

Ich sage Ja

2. Ich sage Ja zu dem, der uns gesandt
und aus dem Tod zum Leben auferstand
und so trotz Hass, Gewalt und Menschenlist
für uns zum Freund und Bruder worden ist.

3. Ich sage Ja zu Gottes gutem Geist,
zum Weg der Liebe, den er uns verheißt,
zu wagen Frieden und Gerechtigkeit
in einer Welt voll Hunger, Angst und Leid.

4. Ich sage Ja zu Wasser, Kelch und Brot,
Wegzehrung, Zeichen, Zuspruch in der Not.
Ich sage Ja und Amen, weil gewiss:
Ein andres Ja schon längst gesprochen ist.

3

Noch etwas fällt an den biblischen Taufgeschichten auf. Mit der Taufe wird jedes Mal etwas *anders* im Leben dieser verschiedenen Menschen. Beim Kämmerer aus Äthiopien heißt es z. B. am Ende. „Er zog aber seine Straße fröhlich" (Apostelgeschichte 8,39). Wieso? War der Mann zuvor vielleicht eher ein Grübler oder gar Zweifler? Ein Einzelgänger, der womöglich zur Schwermut neigte? Ein einsamer, verknöcherter Bürokrat, dem seine korrekten Zahlen und Bilanzen bei Hofe zum einzigen Lebensinhalt geworden waren? Wir wissen es nicht. Es ist zumindest auffallend, dass die plötzliche Fröhlichkeit, die mit der Taufe in sein Leben einzieht, besonders hervorgehoben wird. Genauso auffallend wie die häufige Erwähnung der *Freude*, wenn die Bibel vom Glauben spricht. Offenbar ist es so, dass in das Leben von Menschen, die sich auf Gottes großes Ja einlassen, ein neuer Grundton kommt: ein Grundton der Freude, der Zuversicht, der Hoffnung. Es kommt ja nicht von ungefähr, dass die Botschaft von Jesus Christus verschiedentlich „Evangelium", zu Deutsch: *„frohe* Botschaft", genannt wird. Martin Luther hat einmal gesagt: „Wo der Glaube ist, da ist auch Lachen." Wo er Recht hat, da hat er Recht.

Dieser Grundton der Freude wird an der Geschichte vom Gefängnisaufseher in Philippi besonders anschaulich. Er, von dem wir zunächst erfahren, dass er wegen seines Missgeschicks zitternd vor Angst auf die Knie fällt, freut sich später „mit seinem ganzen Hause, dass er zum Glauben an Gott gekommen war." Seine Freude hat einen konkreten Inhalt. Als jemand, der eigentlich über Gefangene zu wachen hat, war er ja selbst zu einem Gefangenen geworden. Zu einem Gefangenen, der allerdings durch die Begegnung mit dem Evangelium eine ganz eigene Befreiung erfährt, die Befreiung von einem Leben hinter den Gittern von Verordnungen, Anweisungen und Befehlen. Und genau an dieser Stelle könnte diese Geschichte auch für uns ihre Bedeutung bekommen.

Für uns? Nun gut, könnte man ja zunächst sagen, dass das Evangelium etwas Befreiendes an sich hat, mag vielleicht für Gefangene eine interessante Botschaft sein.

Aber – mit Verlaub – ich bin nun mal kein Gefangener. Ich bin ein freier Mensch, gehe meiner Arbeit nach, zahle Steuern, habe Familie und harke regelmäßig meinen Vorgarten. Ich sitze nun mal nicht im Knast. Also: Was soll *mir* diese Botschaft sagen?

Doch die Geschichte des gefangenen Aufsehers scheint zurückzufragen: Stimmt deine forsche Behauptung überhaupt? Könnte es nicht sein, dass auch du deine Gefängnisse hast?

Vielleicht bist du gefangen in deiner Erziehung oder in deinem Milieu. Gefangen in deiner beruflichen Situation oder in deinen wirtschaftlichen Verhältnissen. Gefangen in deiner Zeitplanung und deinem Terminkalender. Gefangen in deinen Freundschaften oder Feindschaften, deinen Sympathien oder Antipathien. Gefangen in deinen Urteilen oder auch Vorurteilen. Gefangen in den Erwartungen anderer oder in deinen eigenen Lebensplänen. Gefangen in deiner Eitelkeit oder in deinem penetranten Rechthabenmüssen. Gefangen in deiner Traurigkeit oder Einsamkeit, in deiner Schicksalsergebenheit oder grauen Perspektivlosigkeit, die deinen Alltag lähmt. Um gefangen zu sein, bedarf es doch nicht der Mauern und Fußfesseln. „Was muss ich tun, dass ich befreit werde?“, fragt der Aufseher. Es könnte auch unsere Frage sein. Unsere Tauffrage.

4

Und noch etwas Anderes wird mit der Taufe anders. In der Geschichte von Jerusalem kommen nämlich mit einem Mal noch andere Menschen ins Spiel. Es sind die Menschen, die sich nach der Taufe zusammenfinden. Wer getauft ist, findet sich in einer neuen *Gemeinschaft* wieder, in der Gemeinschaft aller Getauften. Das hat sich bis heute nicht geändert. Im kirchlichen Amtsdeutsch lautet das dann so: „Durch die Taufe wird die Mitgliedschaft in der Kirche begründet."

Das alles wäre eigentlich nicht der besonderen Erwähnung wert. Schließlich finden sich überall auf der Welt Menschen zu irgendwelchen Gemeinschaften zusammen: zu Arbeitsteams, Jogginggruppen, Kegelklubs, Frauenchören, Chatrooms, Stammtischen oder Parteien. Der Mensch ist nun einmal von Natur aus ein „soziales Wesen", wie die Soziologen das nennen. Bei der Gemeinschaft aller Getauften, also bei der christlichen Gemeinde, geht es aber noch um etwas Anderes. Die Menschen, die sich damals in Jerusalem nach ihrer Taufe zusammenfanden, hatten sich ja dafür entschieden, dass nun ein Anderer, Jesus Christus, in ihrem Leben das Sagen haben sollte. Und dass es deshalb unter ihnen eben dann auch anders *zugehen* sollte als anderswo.

In Jerusalem war das z. B. ein völlig neues Miteinander – bis hin zu einer geradezu sozialistisch anmutenden Gütergemeinschaft. Insofern hing der Wunsch, getauft zu werden, in den ersten christlichen Gemeinden wahrscheinlich auch damit zusammen, dass man dort auf eine ganz andere, wohltuende soziale Wirklichkeit traf. „Hier ist nicht Jude noch Grieche, hier ist nicht Sklave noch Freier, hier ist nicht Mann noch Frau", schreibt der Apostel Paulus (Galater 3,28). Man kann nur ahnen, welche Wirkung allein ein solcher Satz haben musste in einer Welt, in der das Oben und Unten von Menschen und die damit verbundenen Ausgrenzungen eine noch viel größere Rolle spielten als heute unter uns.

Nun verstehen wir vielleicht auch, weshalb an manchen Stellen des Neuen Testaments die Taufe mit Bildern beschrieben wird, die auf den ersten Blick ziemlich drastisch, ja geradezu surrealistisch anmuten. So kann die Taufe als „Reinwaschung" (1.Korinther 6,11), als ein „Bad der Wiedergeburt" (Titus 3,5) oder sogar als ein „Mitbegrabenwerden mit Christus" und „neues Leben" (Römer 6,4) beschrieben werden – ähnlich dem Tod und der Auferstehung Christi selbst. Verschiedentlich heißt es, dass mit der Taufe Christus wie ein frisches Kleid „angezogen" wird (Galater 3,27). Auch werden Erinnerungen an die Rettung aus der Sintflut wach (1.Petrus 3,20). Allesamt Bilder, die etwas grundstürzend Anderes, Rettendes, Befreiendes andeuten. Machtvolles Zeichen, dass etwas Altes, Bedrückendes, von Gott Trennendes ein für alle Mal abgetan ist.

Wir merken: Längst geht es schon nicht mehr nur um Wasser, sondern um einen neuen *Geist*, der mit der Taufe in unser Leben einzieht. Den Geist der Zuversicht, der Freiheit und der Solidarität. Mit Recht nennen wir ihn den „*Heiligen* Geist". Noch einmal Originalton Paulus: „Wir sind durch einen Geist alle zu einem Leib getauft" (1.Korinther 12,13). In der Taufe kommt es also entscheidend nicht auf das Wasser an, sondern auf Gottes guten Geist, der unter uns wirksam werden will. Das Wasser bleibt ein – allerdings wichtiges und deshalb unverzichtbares – *Zeichen*.

Wie schön wäre es, wenn Menschen, die heute unter uns getauft werden, in ihrem Leben etwas von diesem guten Geist Gottes zu spüren bekämen. Wenn sie erfahren könnten, wie befreiend es ist, anders leben zu dürfen als üblich. Wenn man endlich einmal nicht mehr immer besser, immer stärker, immer attraktiver sein müsste als andere. Wenn es einen Ort gäbe, an dem es einfach Freude machte, sich fröhlich für Gerechtigkeit, für Frieden und die Bewahrung der Schöpfung einzusetzen.

Könnte ein solcher Ort die Gemeinde sein, in die ein Mensch hineingetauft wird? Und wenn sie es nicht oder noch nicht ist, könnte ich als ein getaufter Mensch etwas dazu beitragen, dass sie es wird?

V. WIE SOLL MAN SICH ENTSCHEIDEN?

Zwischen Kindertaufe und Erwachsenentaufe

1

Wir machen einen kleinen Zeitsprung. Heute Morgen wurde Alina im Gottesdienst der Gemeinde getauft. Alles war, wie Jennifer und Thorsten finden, eigentlich ganz schön gewesen. Wenn man einmal davon absieht, dass einer der Paten das Taufwasser fast danebengeschüttet hatte. Doch Pfarrer Holtkamp hatte freundliche Worte gefunden. Die Lieder waren fröhlich, und der eine oder andere aus der Gemeinde hatte ihnen am Ausgang sogar noch herzlich die Hand geschüttelt. Nun ist alles zur großen Familienfeier in den „Rheinterrassen" versammelt.

Zu vorgerückter Stunde kommt Jennifer mit ihrer alten Freundin Anja ein wenig ins Gespräch. Anja war ein paar Jahre verheiratet und ist nun seit längerem alleinerziehende Mutter einer mittlerweile dreijährigen Tochter. Anlässlich des Tages ist es nur natürlich, dass Jennifer einfach mal fragt, ob Anja sich schon Gedanken über eine mögliche Taufe ihrer Tochter gemacht habe. „Ach, weißt du", sagt Anja, „ich finde, das sollte sie später einmal selber entscheiden. Vielleicht will sie sich ja tatsächlich einmal taufen lassen. Vielleicht auch nicht. Warum sollte ich ihr von vornherein irgendeine Religion vorschreiben? Heutzutage gibt es doch so viele Möglichkeiten. Vielleicht will sie ja mal katholisch werden. Oder Buddhistin. Oder gar nichts. Wieso sollte ich ihr da reinreden?“

Jennifers Einwand, dass man sich sinnvollerweise nur für oder gegen etwas entscheiden könne, wenn man es auch kenne und sie sich da offensichtlich ein ziemlich umfangreiches Bildungsprogramm auferlegt habe, scheint Anja nicht zu verstehen. „Ach, weißt du, mit einem Mausklick bei Google bist du doch heutzutage über alles, was du wissen willst, schnellstens informiert. Da mache ich mir keine großen Gedanken. Ich finde das übrigens besser als früher, wo doch alles nur vorgekaut und Zwang war.“

Anjas Argumentation klingt auf den ersten Blick bestechend. Wie kommen wir eigentlich dazu, eine so wichtige Frage wie die Taufe und nicht zuletzt die damit verbundene Kirchenmitgliedschaft ohne Einwilligung unserer Kinder zu entscheiden? Gehört so etwas wie die Selbstbestimmung eines Menschen nicht zum Grundbestand einer modernen Gesellschaft? Deshalb ist es nicht verwunderlich, dass die Frage nach einem angemessenen Taufalter immer wieder die Gemüter beschäftigt. Säugling, Kleinkind, Jugendlicher, Erwachsenenalter – gibt es eigentlich einen „richtigen“ Zeitpunkt für die Taufe? Was sind die Argumente, die für das eine oder das andere sprechen? Um es vorwegzusagen: Das angemessene Taufalter hängt nicht an einer Jahreszahl. Aber woran dann?

2

Auch hier ist es sinnvoll, zunächst einmal die *Bibel* zu befragen. Taufgeschichten gibt es ja dort, wie wir gesehen haben, genug. Doch leider wird an keiner Stelle explizit ein genaues Taufalter genannt. Uns bleibt nur die Möglichkeit, aus dem Ganzen der Erzählungen ein paar Rückschlüsse zu ziehen.

Erinnern wir uns noch einmal an die drei Geschichten von den vielen Menschen in Jerusalem, von dem Kämmerer aus Äthiopien und dem Gefängnisaufseher in Philippi. In Jerusalem hörten wir, dass den Menschen dort die Predigt des Petrus „durchs Herz ging“ und sie ihn fragten: „Was sollen wir tun?“ Ohne das genaue Alter dieser Menschen zu kennen, dürfen wir annehmen, dass es sich dabei nicht um Säuglinge oder sehr kleine Kinder gehandelt haben wird, sondern um mündige und entscheidungsfähige Leute. Dasselbe dürfen wir wohl bei dem äthiopischen Kämmerer und dem Gefängnisaufseher voraussetzen. Sie alle treffen ja eine, wenn man so will, selbstbestimmte, souveräne Entscheidung: Ja, ich möchte zu Jesus Christus und zu seiner Gemeinde gehören. Deshalb lasse ich mich taufen. Das scheint zunächst eindeutig dafür zu sprechen, dass in neutestamentlicher Zeit grundsätzlich erwachsene Menschen getauft wurden.

Doch ganz so eindeutig ist es nicht. Hier und da wird nämlich erwähnt, dass sich jemand, wie es heißt, mit seinem „ganzen Haus" (Apostelgeschichte 16,15; 18,8; 1.Korinther 1,16) bzw. mit „all den Seinen" (Apostelgeschichte 16,33) taufen lässt. Unter „Haus" hat man sich eine damals übliche Großfamilie vorzustellen, inklusive Alte, Kinder und Hausgesinde. Eine Kindertaufe ist also nicht auszuschließen, auch wenn sie nicht ausdrücklich erwähnt wird. An dieser Stelle das Wort Jesu „Lasset die Kinder zu mir kommen ..." (Markus 10,14) heranzuziehen, ist allerdings insofern nicht ganz fair, als es in dieser Geschichte gar nicht um eine Kinder*taufe*, sondern um eine Kinder*segnung* geht. Wirklich nachgewiesen ist die Kindertaufe erst ab dem 2. Jahrhundert nach Christus.

Die weitere – *nach*biblische – Geschichte der Taufe ist zunächst eher politisch bestimmt. Im Großen und Ganzen verhält sich die frühe Christenheit loyal. Gleichwohl empfindet der römische Staat, der in diesen Jahrhunderten den gesamten Mittelmeerraum beherrscht, das Bekenntnis zu Jesus Christus als dem „Herrn“ als Affront. Im Grunde sogar mit einem gewissen Recht, versteht sich doch der römische Kaiser als gottgleichen Herrscher, außer dem es keinen „Herrn“ (griechisch: „Kyrios“) zu geben hat. Die Folge: grausame Verfolgungswellen für die Christen bis weit in das 4. Jahrhundert hinein. Das ändert sich nun entscheidend mit dem Machtantritt von Kaiser Konstantin. Das römische Reich droht zu dieser Zeit nicht zuletzt auf Grund der vielen verschiedenen Religionen und Kulturen in den einzelnen Ländern auseinanderzufallen. Wegen ihrer monotheistischen Religion entdeckt Konstantin nun die Christen als durchaus nützliche Staatsbürger, die in seinem auseinanderbrechenden Weltreich für eine gewisse Stabilität sorgen könnten. So wird das Christentum, vorher verfolgt und geächtet, zur Staatsreligion erhoben. Christsein ist ab 321, dem Jahr der sogenannten „Konstantinischen Wende“, nicht nur ein neues Recht, sondern sogar eine staatsbürgerliche Pflicht. Die Säuglingstaufe wird mehr und mehr zum Normalfall.

Im 16. Jahrhundert nehmen die Reformatoren an der vorgefundenen Kindertaufe einen Aspekt wahr, der zu ihrer Grunderkenntnis, dass wir „allein aus Gnade“ leben, ziemlich gut zu passen scheint. Gerade an einem Säugling, der ja aktiv noch nichts zum Erhalt seines Lebens beitragen könne, werde die zuvorkommende, bedingungslose Güte Gottes besonders anschaulich. Deshalb sei die Taufhandlung nichts anderes als eine Art „sichtbare Verkündigung“. Wenig später fügt der Heidelberger Katechismus, ein Lehrbuch aus der Reformationszeit, ein Argument hinzu, dem man wenig entgegensetzen kann, wenn er fragt: „Soll man auch kleine Kinder taufen?“ Seine Antwort: „Ja; denn auch sie gehören ebenso wie die Erwachsenen in den Bund Gottes und seine Gemeinde.“ (Frage 74)

In der Folgezeit werden gegen die Kindertaufe allerdings immer wieder massive Einwände erhoben. Waren es während der Reformationszeit vor allem die sogenannten „Wiedertäufer“, so sind es in unseren Tagen vor allem evangelische Freikirchen. Sie betonen, dass als Voraussetzung für die Taufe der persönliche, mündige Glaube des Täuflings unabdingbar sei. So halten die Auseinandersetzungen um ein angemessenes Taufalter bis heute an – in der theologischen Wissenschaft, in den verschiedenen Kirchen, selbst in Gesprächen auf den „Rheinterrassen“.

3

Kindertaufe oder Erwachsenentaufe? Wie sollen wir uns heute entscheiden? Wenn man sich die Geschichte der Taufe von den biblischen Ursprüngen bis heute vor

Augen hält, muss man zu dem Ergebnis kommen: Es gibt kein eindeutiges Ergebnis. Das muss kein Nachteil sein. Für jedes Taufalter kann man gute Gründe haben. Allerdings: Bei jedem Taufalter stellen sich auch Fragen, über die man reden muss.

Wenn Eltern sich für die Taufe ihres Kindes im *Säuglingsalter* entscheiden, ist ihnen vor allem die Gewissheit wichtig, dass Gott sein bedingungsloses Ja zu diesem Kind spricht. Und dass es von Anfang an zur christlichen Gemeinde gehört. Hier ist die Taufhandlung ein starkes, anschauliches Stück Verkündigung – für die versammelte Gemeinde. Da das Kind naturgemäß noch nicht viel „mitkriegt" und schon gar nicht selber zustimmen kann, sprechen Eltern und Paten stellvertretend für das Kind ein antwortendes Ja. Man kann das durchaus kritisch sehen. Muss man aber nicht. In vielen anderen Fällen treffen Eltern ja auch stellvertretende Entscheidungen für ihre Säuglinge, ohne dass das als problematisch empfunden wird. Etwa was die Wahl der Ernährung, der Strampelhose, des Spielzeugs oder des Miniklubs angeht. „Ich wurde nicht gefragt / bei meiner zeugung / und die mich zeugten / wurde auch nicht gefragt / bei ihrer zeugung ..." sagt Kurt Marti in seinem Gedicht „geburt". Deshalb ist an dieser Stelle wichtig, dass Eltern und Paten neben ihrem stellvertretenden Ja versprechen, für eine christliche Erziehung zu sorgen, über die eigens zu reden sein wird. Der Täufling selbst hat später – etwa bei seiner Konfirmation (zu Deutsch: „Bekräftigung") – Gelegenheit, jenes Ja, das seinerzeit andere für ihn gesprochen haben, zu bestätigen, also für sich zu übernehmen.

Wenn Eltern sich für die Taufe ihres Kindes im *Kleinkindalter* entscheiden, ist ihnen vor allem wichtig, dass ihr Kind die Taufhandlung selber miterleben kann. Dazu gehören eine kindgerechte inhaltliche Vorbereitung und das Einverständnis des Kindes. So selbstbestimmend das klingt, wird man allerdings fragen dürfen, ob das Ja eines Kleinkindes wirklich „mündig" zu nennen ist oder nicht doch sehr von dem Einfluss etwa der Eltern abhängt. Was aber vor allem für die Taufe eines Kleinkindes spricht, ist deren erheblicher Erlebniswert. Die Berührung mit Wasser – in welcher Form auch immer – ist ja eine ganz elementare menschliche Erfahrung. Insofern wird hier die Botschaft von Gottes Ja nicht nur über das Hören, sondern auch über das körperliche Fühlen dem Kind nahegebracht. Gleichwohl stellt sich hier die kritische Frage, inwieweit nicht die starke Betonung der Wasserhandlung („erfrischend", „wohltuend", „heilend") einem möglichen magischen Missverständnis der Taufe Vorschub leistet. So als sei das Taufwasser mehr als nur Wasser, etwa „Weihwasser". Doch wir erinnern uns: Das bei der Taufe zum Einsatz kommende Wasser ist nicht mehr als ein Zeichen.

Wenn sich heranwachsende oder *erwachsene Menschen* – etwa im Konfirmandenalter oder später – zur Taufe entschließen, ist ihnen vor allem ihre eigene Entscheidung wichtig. Sie basiert in der Regel auf einer eingehenden Beschäftigung mit der biblischen Botschaft und Grundfragen des christlichen Glaubens. Bei einer Erwachsenentaufe oder Mündigentaufe – die Freikirchen sprechen von „Gläubigentaufe" – steht das Bekenntnis des Täuflings zu Jesus Christus im Mittelpunkt. Das scheint für die Erwachsenentaufe zu sprechen, zumal man dabei natürlich sofort an die eine oder andere Taufgeschichte der Bibel erinnert wird. Aber auch hier stellt sich eine kritische Frage: Besteht nicht die Gefahr, dass durch die starke Betonung der Eigenentscheidung des Täuflings die Botschaft des Evangeliums, also Gottes vorausgehendes Ja, in den Hintergrund tritt? So als komme es in der Taufe vor allem auf meine Entscheidung, womöglich sogar auf meine Frömmigkeit an. Und am Ende kommt meinem kleinen Ja eine größere Aufmerksamkeit zu als jenem großen, vorausgehenden Ja, in dem sich Gott – unabhängig von meiner Entscheidung – in Jesus Christus doch längst schon für mich entschieden *hat*.

Wir nehmen zur Kenntnis: Jedes Taufalter hat für sich gute Gründe, hinterlässt aber jeweils auch kritische Fragen. Diese Offenheit kann man als Nachteil ansehen, zumal gerne gefordert wird, die Kirche solle doch gefälligst „Klartext“ reden. Aber könnte der erforderliche Klartext in diesem Falle nicht woanders zu suchen sein? Wenn die Bibel die Frage des Taufalters nicht festlegt, könnte das ja auch ein Hinweis darauf sein, dass es bei der Taufe letztlich auf etwas anderes ankommt: Gottes unbedingtes Ja zu seinen Menschen. Das ist das Wichtigere. Überspitzt formuliert Martin Luther: „Es kann auch einer glauben, wenn er gleich nicht getauft ist; denn die Taufe ist nicht mehr als ein äußerliches Zeichen ... Kann man sie haben, so ists gut, dann nehme man sie ... Wenn man sie aber nicht haben könnte oder sie einem versagt würde, ist er dennoch nicht verdammt, wenn er nur dem Evangelium glaubt.“

Für welches Taufalter auch immer sich Menschen heute entschließen, entscheidend bleibt die in der Taufe vermittelte Gewissheit, „dass ich“, wie es der bereits erwähnte Heidelberger Katechismus ausdrückt, „mit Leib und Seele, im Leben und im Sterben nicht mir, sondern meinem getreuen Heiland Jesus Christus gehöre.“ (Frage 1)

Mögen wir über ein angemessenes Taufalter auch verschiedener Meinung sein, diese Glaubensgewissheit lässt keine zwei Meinungen zu.

VI. „DA KANN ICH NUR FÜR MICH SPRECHEN“

Wir begleiten einen jungen Menschen

1

Noch ist Bastian etwas unschlüssig. Vor zwei Jahren hat er sich zum Konfirmandenunterricht angemeldet. Dass er noch nicht getauft war, spielte damals keine Rolle. Etliche seiner Freunde aus der Klasse waren hingegangen. Da ist er einfach mit. Zumal Diakonin Brenningmeyer, die den Unterricht durchführte, sehr nett war und ihn gleich herzlich willkommen hieß. Das mit der Taufe könne man ja später regeln.

Die zwei Jahre als „Konfi“ hat er in durchaus angenehmer Erinnerung. Was er in der Zeit über die Kirche, über den Glauben und über die Bibel in Erfahrung brachte, war meistens interessant. Manches leuchtete ihm ein, anderes eher nicht. Gut war auf jeden Fall, dass sich jeder mit seiner Meinung einbringen konnte. Fragen und Zweifel waren, wie Diakonin Brenningmeyer immer wieder hervorhob, durchaus erwünscht. Obwohl sich Bastian nicht gerade als einen begnadeten Sänger empfand, hatte ihm auch das gemeinsame Liedersingen zu Beginn gefallen. Auch dass es am Ende jeder Unterrichtsstunde noch einmal für einen Moment still wurde und die Diakonin noch ein kurzes Gebet sprach, hatte er als wohltuend empfunden. Nicht zuletzt die Wochenendfreizeiten und die Gemeinschaft mit den anderen „Konfis" hatte er genossen.

Nun, am Ende dieser Zeit, ist Bastian etwas unschlüssig. Gestern hat Diakonin Brenningmeyer den Jugendlichen erklärt, dass zur Konfirmation nur zugelassen werden könne, wer getauft sei. Ist er nicht. In einem persönlichen Gespräch macht ihm die Diakonin deutlich, dass es bei der Taufe eines erwachsenen Menschen, und das sei er jetzt ja bald, darauf ankomme, dass man selber Ja zu Jesus Christus und zu seiner Gemeinde sage. Was das im Einzelnen bedeute, habe er ja im Konfirmandenunterricht mitbekommen. Er dürfe aber auf jeden Fall darauf vertrauen, dass längst schon ein anderer, nämlich Gott, zu ihm, Bastian, Ja gesagt habe. Bastian will sich alles noch einmal durch den Kopf gehen lassen.

2

Da Bastian kein Kind mehr ist, könnte er sich über die bekannten Taufgeschichten hinaus noch mit dem einen oder anderen biblischen Text, der von der Taufe handelt, beschäftigen. Es sind Texte, die häufig in Bildern und Symbolen sprechen. Wer schon einmal in einem Museum war, weiß, dass es manchmal nicht ganz leicht ist, Bilder zu „verstehen". „Was will der Künstler damit sagen?" Diese Frage kann man auch an die Bibel richten, wenn sie in Bildern spricht. Und auch hier ist es ähnlich wie in einem Museum. Manche Bilder sprechen mehr unser Gefühl, andere mehr unseren Verstand an. Bei wieder anderen haben wir wilde Assoziationen oder rätseln lange herum. Wie mag es Bastian beim Gang durch das Museum mit den verschiedenen biblischen Taufbildern ergehen?

Da ist zunächst das Bild, das sehr stark mit dem Motiv des *Wassers* arbeitet. „Ihr seid reingewaschen", sagt etwa Paulus (1.Korinther 6,11) oder spricht von einem „Wasserbad im Wort" (Epheser 5,26). Ein Petrusbrief bringt die Taufe mit einer uralten Wassergeschichte in Verbindung, wenn er an die Rettung Noahs aus der Sintflut „durchs Wasser hindurch" erinnert (1.Petrus 3,20). Das klingt bedrohlich. Vielleicht denkt Bastian hierbei an die letzte Schwimmstunde in der Schule, als man so lange wie möglich untertauchen sollte und er das Auftauchen wie eine Befreiung empfunden hatte.

So ähnlich könnte es ihm beim nächsten Taufbild ergehen. Hier ist ein *Grab* zu sehen. „So sind wir ja mit ihm (Christus) begraben durch die Taufe in den Tod", heißt es bei Paulus (Römer 6,4). Und an die Gemeinde in Kolossä schreibt er: „Mit ihm seid ihr begraben worden in der Taufe“ (Kolosser 2,12). Auch das klingt bedrohlich. Aber wer oder was soll in der Taufe bedroht werden? Immer wieder schreibt ja der Apostel von einem alten Leben, das man hinter sich lassen soll. Dann würde die tödliche Gefahr gar nicht mir, sondern einer bestimmten Lebensweise gelten. Ist es das?

Das nächste Bild arbeitet wieder mit dem Wassermotiv, wenn es im Zusammenhang mit der Taufe von einem „Bad der Wiedergeburt“ (Titus 3,5) spricht. Was mag damit gemeint sein? „Wiedergeburt“ klingt ja eher nach Buddhismus. Doch dann lesen wir, dass es um etwas ganz anderes geht. Am Anfang des 1. Petrusbriefes wird z. B. Gott dafür gelobt, dass er uns „wiedergeboren hat zu einer lebendigen Hoffnung“ (1,3). Das ist offenbar etwas anderes, als irgendwann einmal als Katze oder Fliege wieder auf die Welt zu kommen. Mir selbst kommt bei diesem Bild eher mein alter Onkel Waldemar in den Sinn. Wenn der bei uns zu Besuch war, hatte er die merkwürdige Angewohnheit, erst einmal ein ausführliches Bad zu nehmen. Anschließend pflegte er zu sagen, dass er sich „wie neugeboren“ fühle. Aber vielleicht ist das auch zu oberflächlich gedacht.

Das Bild daneben zeigt wieder etwas völlig anderes. Es sind *Anziehsachen*, genaugenommen: *neue* Anziehsachen. Was haben neue Kleider mit der Taufe zu tun? Bastian fällt ein, dass seine Mutter ihm einmal ein sogenanntes „Taufkleid" gezeigt hat, ein weißes, besticktes Kinderkleidchen, das sie selbst bei ihrer Taufe getragen hatte und das nun wohlverwahrt in der Kommode lag. Doch das biblische Bild vom Anziehen hat eher etwas Surrealistisches an sich: „Denn ihr alle, die ihr auf Christus getauft seid, habt Christus angezogen", heißt es bei Paulus (Galater 3,27). Und an anderer Stelle: „Legt von euch ab den alten Menschen ... und zieht den neuen Menschen an, der nach Gott geschaffen ist." (Epheser 4,22-24) „Kleider machen Leute", lautet ein Sprichwort. Sicher: Dass man mit dem Anziehen von Kleidern mitunter mächtig Eindruck machen kann, weiß man spätestens seit dem „Hauptmann von Köpenick". Doch auf unserem surrealistischen Bild werden nicht Kleider angezogen. Es geht um das „Anziehen des neuen *Menschen*". Soll damit gesagt sein, dass es in der Taufe nicht um einen *Eindruck*, sondern um neue *Tatsachen* geht? Dann würde jenes Sprichwort vielleicht noch einmal einen ganz anderen Sinn bekommen.

Das nächste Bild verarbeitet gleich zwei Motive, die wohl ähnlich, aber doch verschieden sind. Man kann sowohl ein Gefäß mit *Salbe* erkennen als auch einen Brief mit einem *Siegel*. Beide Motive sind insofern ähnlich, als es sich jeweils um eine handfeste Substanz handelt, die irgendwo aufgetragen wird. Verschieden sind sie darin, dass eine Salbe der Linderung und Heilung dient, während ein Siegel dazu da ist, um einen wichtigen Text juristisch wasserdicht zu machen. Man sieht sie hier zusammen in einem Bildwort, das wohl auch von der Taufe handelt: „Gott ist's aber, der uns fest macht samt euch in Christus und uns gesalbt hat und versiegelt und in unsre Herzen als Unterpfand den Geist gegeben hat", schreibt der Apostel Paulus (2.Korinther 1,21f). Im alten Israel wurden Könige gesalbt. Welch eine hohe Ehre für einen getauften Menschen. Und das Siegel will wohl die Gültigkeit von Gottes großem Ja, die mit der Taufe einhergeht, symbolisieren. Eine andere Stelle scheint das zu bestätigen, wenn es heißt: „Der feste Grund Gottes besteht und hat dieses Siegel: Der Herr kennt die Seinen" (2.Timotheus 2,19).

Beim letzten Bild wird Bastian vermutlich ein wenig länger verweilen. Es zeigt einen Vorgang aus dem jüdischen Leben, nämlich den der *Beschneidung*. Mit Diakonin Brennemeyer waren sie einmal in einem jüdischen Museum gewesen und hatten manches über dieses Ritual erfahren. Vor allem, dass die Beschneidung, weil einmal geschehen, natürlich nicht rückgängig zu machen sei. Seit Abrahams Zeiten sei das für den Glauben Israels ein Zeichen des Bundes zwischen Gott und seinem Volk (vgl. 1. Mose 17). Auf diese Weise solle daran erinnert werden, dass Gott unverbrüchlich zu ihm hält, komme was da wolle. Nun teilt Paulus den Kolossern mit, dass sie in der Taufe durch Christus beschnitten worden seien „mit einer Beschneidung, die nicht mit Händen geschieht“ (Kolosser 2,11). Dann wäre, so folgert Bastian weiter, in der Taufe auch so eine Art unverbrüchlicher Bund geschlossen. Der Form nach anders als im jüdischen Glauben. In der Sache aber doch ähnlich. Auch damit könnte man sich eigentlich einmal des Näheren beschäftigen.

Voll mit den verschiedensten Eindrücken von dem, was Taufe eigentlich alles beinhaltet, wenn man sich einmal ein bisschen mehr damit beschäftigt, verlässt Bastian diese kleine biblische Bildergalerie. Nun muss er alles erst einmal in Ruhe „sacken lassen“. Dass das Thema „Taufe“ einen so ins Nachdenken bringen kann, damit hatte er nicht gerechnet. Aber bis zur Entscheidung ist es ja noch ein paar Wochen hin.

3

Halten wir einmal fest: Wenn sich Bastian im heranwachsenden Alter für die Taufe entscheidet, so scheint er die deutliche Mehrheit der neutestamentlichen Taufgeschichten auf seiner Seite zu haben, auch wenn wir die Kindertaufe zur damaligen Zeit nicht ausschließen können. Bei all diesen Geschichten ging es ja zumeist um erwachsene, mündige, entscheidungsfähige Menschen. Sprechen bei der Taufe eines Säuglings oder eines Kleinkindes Eltern und Paten stellvertretend für das Kind ihr Ja, so tut es ein heranwachsender oder erwachsener Mensch selber. Das ist zunächst einmal der einzige Unterschied. Die oft gehörte Floskel: „Da kann ich nur für mich sprechen" – hier trifft sie tatsächlich zu.

Dem selbständigen Ja eines heranwachsenden oder erwachsenen Menschen bei seiner Taufe entspricht im Übrigen die deutsche Rechtslage, wonach ein Mensch ab Vollendung des 14. Lebensjahres „religionsmündig ist", wie es im Amtsdeutsch heißt. Und die Kinderrechtskonvention der Vereinten Nationen begründet die Religionsmündigkeit von Kindern zudem mit der allgemeinen Gedanken-, Gewissens- und Religionsfreiheit. Insofern scheint Bastians Überlegung, sich in dem Alter, in dem er sich jetzt befindet, eventuell taufen zu lassen, nicht nur theologisch, sondern auch juristisch zu „passen".

Wir halten allerdings auch fest: Weder die eine noch die andere Taufe ist jeweils eine Taufe ersten oder zweiten Ranges. Eine einmal vollzogene Taufe behält ihre volle Gültigkeit. Deshalb kann sie auch grundsätzlich nicht wiederholt werden. Und bei einem etwaigen Konfessionswechsel gibt es auch nicht, wie vielfach angenommen, ein „Umtaufen", sondern nur einen „Übertritt".

Wenn sich nun Bastian dazu entschließt, sich taufen zu lassen, könnte das für ihn allerdings eine Gelegenheit sein, sich noch einmal wesentlich intensiver, gewissermaßen „erwachsener“ mit der Frage zu beschäftigen, was es heißt, zu Jesus Christus und zu seiner Gemeinde zu gehören. Neben den bekannten biblischen Taufgeschichten, die auf Grund ihrer großen Anschaulichkeit auch schon kleinen Kindern zu vermitteln sind, könnte er sich auch mit etlichen anderen, „schwierigeren“ Tauftexten der Bibel auseinandersetzen. Jeder von ihnen hat ja, wie wir sahen, etwas Wichtiges zu sagen. Doch nicht jeder ist für jeden geeignet. Manche sprechen unmittelbar an, berühren vielleicht mehr Herz und Gemüt. Andere nehmen vielleicht eher unseren Verstand in Anspruch. Es könnte sein, dass Bastian gerade in dem Alter ist, wo genau das jetzt für ihn dran ist.

Je mehr sich Bastian mit seiner möglichen Taufe beschäftigt, desto mehr könnte er auch in Erfahrung bringen, dass es nicht nur in der Bibel sehr unterschiedliche Tauftexte gibt, sondern dass auch innerhalb der Christenheit das Verständnis von Taufe nicht immer ein und dasselbe ist. Quer durch die verschiedenen christlichen Konfessionen gehen die unterschiedlichsten Positionen. Für die einen hat die Taufe mehr einen „sakramentalen“, also gewissermaßen selbstwirksamen Charakter, für die anderen mehr einen zeichenhaften. Für die einen steht bei einer Taufe – etwa eines Säuglings – mehr Gottes „vorauseilendes“, also bedingungsloses Ja im Vordergrund, für die anderen – etwa bei einer Erwachsenentaufe – mehr das „antwortende“, also bekennende Ja des Täuflings. Auch sehen die katholischen, orthodoxen, lutherischen, reformierten oder freikirchlichen Taufrituale oft erheblich anders aus. Bastian könnte hier also noch ein wenig zu tun bekommen.

Gut, dass er sich von Diakonin Brenningmeyer noch ein wenig Bedenkzeit erbeten hat.

VII. „IM CHRISTLICHEN GLAUBEN ZU ERZIEHEN“

Die Verantwortung von Eltern, Paten und Gemeinde

1

Wir blenden noch einmal zurück. Bevor Pfarrer Holtkamp die kleine Alina taufte, hatte er ihre Eltern und Paten gefragt, ob sie bereit seien, Alina, wie er sich ausdrückte, „nach bestem Vermögen im christlichen Glauben zu erziehen“. Natürlich hatten alle Beteiligten mit dem Kopf genickt und vernehmlich „Ja“ gesagt. Die ganze Situation war ja auch nicht gerade dazu angetan, etwas anderes zu antworten, etwa Zweifel zu äußern oder es sich vielleicht noch einmal zu überlegen. Vielleicht war es auch gar nicht so wichtig. Was sollte eine christliche Erziehung schon Besonderes sein? Ist es nicht selbstverständlich, dass man dafür sorgt, dass das Kind einmal später ein „anständiger Kerl“ wird, wie Onkel Werner zu sagen pflegte? Was soll das überhaupt sein – eine Erziehung „im christlichen Glauben“?

Über Selbstverständlichkeiten brauchen wir uns nicht lange auszulassen. Dass Eltern dafür zu sorgen haben, dass ihrem Kind Geborgenheit und Wärme, Nahrung und Kleidung, Liebe und Fürsorge, Bewegung und Spiel, das Erlernen sozialen Verhaltens und eine angemessene Bildung zukommen, bedarf normalerweise keiner besonderen Erwähnung. Brauche ich für all das eine Taufe? Nein. Auch Eltern, die – aus welchem Grunde auch immer – ihr Kind nicht taufen lassen, sind deshalb noch keine schlechteren Eltern. Eine liebevolle, auch wertegeleitete Erziehung gehört zu den Grundbausteinen einer humanen Gesellschaft. Soweit diese Selbstverständlichkeit, auch wenn sie, wie man weiß, leider nicht immer und überall selbstverständlich ist.

Doch wir fragen nach einer *christlichen* Erziehung, einer Erziehung im Glauben. Wenn wir das Bisherige richtig verstanden haben, so ist das Wichtigste bei einer Taufe jenes große Ja Gottes, dem Eltern und Paten mit ihrem kleinen Ja die Zustimmung geben. Das Erste, was eine christliche Erziehung ausmachen dürfte, wäre also genau dies: dem Kind zu vermitteln, dass Gottes großes Ja auch ihm gilt, dass es von Gott gewollt und geliebt ist. Dass es sich bei ihm geborgen wissen darf, auch und gerade, wenn es in seinem Leben Widrigkeiten erfährt. Dass es sich diesem Gott anvertrauen darf mit allem, was es auf dem Herzen hat. Dass dieser Gott bei ihm ist und bleibt, komme, was da wolle. So wie es in dem bekannten Psalm 23 heißt: „Und ob ich schon wanderte im finstern Tal, fürchte ich kein Unglück, denn du bist bei mir."

Vielleicht ist ein erster Schritt einfach der, dass Eltern ihr Kind im Gebet Gott anvertrauen, auch da, wo das Kind selbst es noch gar nicht versteht: zu Hause, in einem Gottesdienst, auf Reisen in einer stillen Kirche, wo auch immer. Mit einem solchen Gebet für das Kind machen sich Eltern klar, dass ihnen – bei aller elterlichen Fürsorge – ihr Kind nicht „gehört", sondern ein kostbares Gottesgeschenk ist, das ihnen zu treuen Händen übergeben ist, für das sie deshalb nur dankbar sein können und mit dem sie verantwortungsvoll umzugehen haben. Wer sich so ins Gebet gewissermaßen „einübt", dem wird es später leichter fallen, sich *mit* dem Kind Gott anzuvertrauen.

Die – gerade bei Kleinkindern – große Affinität zu Ritualen kann bei der Suche nach geeigneten Möglichkeiten einer Erziehung im Glauben sehr hilfreich sein. Hier hat sich vor allem das Abendgebet am Bett des Kindes bewährt: den Tag kurz an sich vorüberziehen lassen, Freud und Leid noch einmal aussprechen dürfen, andere Menschen, die einem am Herzen liegen, beim Namen nennen und alles in kindgemäßen Worten in Dank und Bitte vor Gott bringen. In Familien, denen wenigstens eine gemeinsame Mahlzeit am Tag wichtig ist, kann es ein Tischgebet oder ein Tischlied sein. Wem dazu die eigenen Worte fehlen, für den gibt es viele hilfreiche Bücher oder Hefte mit geeigneten Kindergebeten oder leicht singbaren Liedern.

Wir hatten gesehen, dass Gottes großes Ja in vielen biblischen Geschichten anschaulich wird. Erziehung im Glauben wäre dann, dem Kind in zunehmendem Alter einfach diese Geschichten nahezubringen. Dazu ist vor allem eine Kinderbibel nötig, von denen es verschiedene und auch dem jeweiligen Alter angemessene gibt. Das Vorlesen, etwa vor dem Schlafengehen, gehört ja ohnehin zu einer kindgerechten Erziehung. Wer zudem Fantasie und Begabung hat, kann die eine oder andere biblische Geschichte vielleicht auch selber erzählen. Oder das Kind erzählen, malen oder nachspielen lassen. Dabei ist es wichtig, als erwachsener Mensch aufkommenden Fragen nicht auszuweichen. Warum muss die kranke Tante, für die wir doch gebetet haben, immer noch so viele Schmerzen ertragen? Kann der liebe Gott wirklich alles? Wieso hilft er mal dem einen, mal dem anderen nicht? Und wo ist jetzt eigentlich der Opa, den wir letzte Woche begraben haben? Christliche Erziehung bedeutet nicht, kindliches Fragen mit einer religiösen Floskel ruhigzustellen, sondern gemeinsam ins Gespräch zu kommen, gegebenenfalls auch zu seiner eigenen Unsicherheit zu stehen.

Wir hatten zudem gesehen, dass bei der Taufe andere Menschen eine wesentliche Rolle spielen, und erinnern uns, dass mit der Taufe der Täufling gleichzeitig auch Mitglied der Kirche wird. Zu einer christlichen Erziehung wird es deshalb gehören, dass Eltern Kontakt zu ihrer Gemeinde aufnehmen. Wo erfahren sie hier Unterstützung bei ihrem Bemühen um eine christliche Erziehung? Gibt es Taufvorbereitungskurse, Gesprächsabende für junge Eltern oder auch einfach ein paar Anleitungen und Hilfsmittel bei der Gestaltung eines christlichen Familienlebens? Welche kindgerechten Angebote werden in der Gemeinde vorgehalten? Angebote, die sich nicht darin erschöpfen, das Kind irgendwohin zu „schicken", sondern auch einmal mit ihm zusammen zu erleben, was es bedeutet, zur Gemeinde, zu einer tragenden Gemeinschaft zu gehören.

Schließlich hatten wir gesehen, dass für die Taufe wichtig ist, dass da, wo Jesus Christus das Sagen hat, etwas anders wird im Leben. Dass es um eine neue Zuversicht, um ein neues Miteinander, um ein Leben in Verantwortung vor Gott geht. Eine christliche Erziehung wird hier dem Kind Mut machen, auch einmal gegen den Strom zu schwimmen. Mut machen, den gängigen Wertvorstellungen, immer und überall besser, klüger, stärker, schöner oder erfolgreicher sein zu wollen als andere, couragiert zu widersprechen. Andere Lebensziele nahebringen, als vor allen Dingen den eigenen Vorteil zu suchen oder später einmal Karriere zu machen und möglichst schnell viel Geld zu verdienen. Sie wird Ehrfurcht vor allen Mitgeschöpfen vermitteln und Empfindsamkeit gegenüber dem Leid anderer. Und dabei wird am Ende weniger das Reden, sondern die eigene Haltung und das eigene Verhalten der Eltern das wirksamste Erziehungsmittel sein.

Eine Erziehung „im christlichen Glauben" geht also nicht, ohne dass sich die Erziehenden selbst über ihre eigene Glaubenshaltung und ihr eigenes Verhalten klar werden. Insofern ist das Leben mit einem getauften Kind aber auch eine Chance. Eine Gelegenheit zur persönlichen Standortbestimmung, gerade da, wo der Kontakt zu Glauben und Kirche im Laufe der Jahre vielleicht schon ein wenig dünn geworden ist. „Seid allezeit bereit zur Verantwortung vor jedermann, der von euch Rechenschaft fordert über die Hoffnung, die in euch ist", heißt es in der Bibel (1.Petrus 3,15). Was antworten – redend und handelnd – Eltern, die sich zu einer christlichen Erziehung entschlossen haben, wenn ihre Kinder sie genau danach fragen?

2

Nun hatte Pfarrer Holtkamp sich bei seiner Tauffrage nicht nur an die Eltern, sondern auch an die *Paten* gewandt. Was hatte es damit auf sich? Jennifer erinnerte sich, wie schwierig es seinerzeit gewesen war, überhaupt Paten für Alina zu finden. Onkel Werner, der sich sicher geschmeichelt gefühlt hätte, war ihnen zu konservativ erschienen. Tante Sabine, die wohl auch gerne gefragt worden wäre, redete ihnen jetzt schon ein wenig zu viel in die Erziehung rein. Bei Katharina, Jennifers bester Freundin, stellte sich heraus, dass sie gar nicht mehr in der Kirche war. Und Mesut, Thorstens alter Kumpel aus der Fußballmannschaft, ist nun mal Moslem. Je länger Jennifer und Thorsten in Gedanken ihren Verwandten- und Freundeskreis durchgingen, desto mehr stellte sich ihnen die Frage: Wofür überhaupt Paten?

„Ich finde, wenn mal was passiert, dann ist das schon wichtig zu wissen, dass sich jemand kümmert", fand Thorsten. „Ich meine, wir wollen es ja nicht hoffen, aber es kann ja mal tatsächlich sein, dass einem was zustößt: Autounfall, schwere Krankheit oder so. Ich hätte schon ein beruhigendes Gefühl, wenn ich wüsste, dass für die Kleine gesorgt ist." „Ja, sicher", stimmte ihm Jennifer grundsätzlich zu. „Für mich ist das aber mehr noch so eine Art Freundschaftsbeweis, wenn ich jemanden darum bitte, Pate zu werden. So wie bei einem Trauzeugen bei der Hochzeit. Da nimmt man ja auch nicht jeden."

Beim Taufgespräch mit Pfarrer Holtkamp ein paar Tage später hatte dieser darauf hingewiesen, dass persönliche Beziehungen bei der Wahl eines Paten sicher schön und gut seien, dass aber nach der Ordnung der Kirche ein Pate bzw. eine Patin ihre Mitgliedschaft in einer christlichen Kirche nachweisen müsse. Das sei bei jemandem aus der hiesigen Gemeinde natürlich kein Problem. Wofür gebe es schließlich eine Gemeindekartei? Bei einem auswärtigen Paten müsse eine Patenbescheinigung beigebracht werden, die aber in jedem Pfarramt problemlos zu haben sei. Das alles sei keine kirchliche Schikane, sondern durchaus sinnvoll, wenn man sich klarmache, dass Paten neben den Eltern eben versprächen, für eine christliche Erziehung zu sorgen.

Aber was sind Paten überhaupt? Um es gleich zu sagen: Paten sind keine biblische Erfindung. Erst ab etwa dem 2. Jahrhundert n. Chr. wurde es üblich, für einen erwachsenen Taufbewerber einen sogenannten „Taufbürgen" aufzubieten, der den Täufling bei seiner Unterweisung im christlichen Glauben begleitete. Im Laufe der Jahrhunderte kamen auch soziale Aufgaben hinzu, etwa für eine ordentliche Ausbildung und ein materielles Auskommen des Täuflings zu sorgen. Die von Thorsten geäußerte Erwartung an einen Paten, sich im Falle eines Falles um das Kind zu kümmern, hat allerdings allenfalls eine moralische, aber keine juristische Verbindlichkeit.

Wenn Pfarrer Holtkamp nun neben den Eltern auch Paten und Patinnen dazu verpflichtet, Alina „nach bestem Vermögen im christlichen Glauben zu erziehen", so wäre darüber nachzudenken, was für ein „Vermögen" denn eine Patin oder ein Pate in die christliche Erziehung eines Patenkindes überhaupt einbringen könnten. Vielleicht ist es zunächst einmal die schlichte Tatsache, dass sie eben nicht die Eltern sind. Es gibt Situationen im Leben eines Kindes, in denen es überaus wohltuend, manchmal sogar befreiend sein kann, sich auch einmal einem Menschen außerhalb des Familiensystems anvertrauen zu können. Dabei könnte sich Alina z. B. von ihrer Patin auch erzählen lassen, weshalb es für sie wichtig ist, getauft zu sein. Beide könnten Glauben und Zweifel miteinander teilen. Patenschaft wäre dann etwas anderes als dem Patenkind zum Geburtstag oder zu Weihnachten ein Geschenk oder einen Schein zukommen zu lassen. Es könnte daraus eine Glaubens- und Lebensbegleitung werden, die womöglich weit über die Konfirmation, mit der eine Patenschaft gewöhnlich endet, hinausreicht. Alinas Patin wird es auch nicht versäumen, immer wieder für Alina die Hände zu falten, wissend, dass beide, Alina und ihre Patin, gleichermaßen auf die Liebe und Vergebung Gottes angewiesen sind.

3

Alinas Taufe findet in einem Gemeindegottesdienst statt. Aber auch da, wo Kinder aus irgendwelchen Gründen nicht in einem „normalen“ Sonntagsgottesdienst getauft werden, ist ihre Taufe keine Privataktion, sondern eine kirchliche Handlung. Schließlich wird dem Kind in der Taufe nicht nur die Gemeinschaft mit Jesus Christus zugesprochen, sondern auch seine „Kirchenmitgliedschaft begründet“, wie es im Amtsdeutsch heißt. Was das Thema „christliche Erziehung“ angeht, kommt damit – jenseits von Verordnungen und Paragraphen – eine dritte Instanz mit ins Spiel: die *Gemeinde*.

Gewiss ist „die Gemeinde“ im Regelfall an einer gottesdienstlichen Taufe zumindest insofern beteiligt, als sie immerhin das Taufgeschehen mitverfolgen kann und so zu einem nicht unwichtigen Zeugen der Taufe wird. Aber indem sie etwa im Glaubensbekenntnis in jenes Ja miteinstimmt, das Eltern und Paten bei der Taufe sprechen, übernimmt sie ihrerseits auch eine Verantwortung: Dieses Kind gehört nun zu uns. Deshalb werden wir es nicht aus den Augen verlieren. Wir werden alles daransetzen, ihm Orientierung und Halt zu geben, es zu schützen und ihm Mut zu machen, seinen eigenen Weg mit Jesus Christus zu finden. Wir werden versuchen, in ihm die Freude am Glauben zu wecken. Und da, wo es vielleicht einmal droht, verloren zu gehen, werden wir ihm nachgehen. Wir werden also als Gemeinde auch das Unsere dazu tun, dass dieses Kind „nach bestem Vermögen" im christlichen Glauben erzogen werden kann. So wie es in einem Tauflied heißt:

Freunde wollen wir dir sein,
sollst des Friedens Brücken bauen.
Denke nicht, du stehst allein;
kannst der Macht der Liebe trauen.

(Friedrich Karl Barth/Peter Horst)

Sage doch keine Gemeinde, sie wisse nicht, was für ein „Vermögen" sie bei der christlichen Erziehung eines Kindes habe. Angelehnt an die Lebenslinie eines Kindes gibt es doch eine Fülle von gemeindlichen Möglichkeiten, ein Kind altersgerecht im Glauben zu begleiten. Es gibt gemeindliche Eltern-Kind-Gruppen, in denen durchaus auch Fragen der religiösen Früherziehung zur Sprache kommen. Es gibt sogenannte „Krabbelgottesdienste". Es gibt kirchliche Kindertagesstätten, in denen das morgendliche Gebet, das gemeinsame Singen geistlicher Lieder und das Erzählen biblischer Geschichten eine wichtige Rolle spielen. Es kann einen Kindergottesdienst, einen Kindermorgen, eine Kinderbibelwoche oder eine Kindergruppe geben. Es gibt Familiengottesdienste. Es gibt Kinderfreizeiten. Es gibt den Schulgottesdienst in der Kirche. Es gibt kindgerechte Angebote auf kirchlichen Großveranstaltungen, etwa den Kirchentagen. Es gibt schließlich den Konfirmandenunterricht.

Sicher wird nicht alles in ein und derselben Gemeinde und auf einmal möglich sein. Jede Gemeinde wird hier – eben „nach bestem Vermögen" – ihre personellen, räumlichen und finanziellen Möglichkeiten verantwortlich ausloten. Auch kommt sicher nicht jedes Angebot für jedes Kind in Frage. Aber dass sie überhaupt nichts mit der christlichen Erziehung eines in ihrer Mitte getauften Kindes zu tun habe, das wird wohl keine Gemeinde ernsthaft behaupten können. *Hier* gilt vielmehr uneingeschränkt Jesu Wort: „Lasset die Kinder zu mir kommen ..." (Markus 10,14).

VIII. MEHR ALS EIN SOUVENIR

Taufspruch, Taufkerze, Taufgedächtnis

1

„Guck mal, das habe ich mir damals aus Venedig mitgebracht." Stolz zeigt mir Tante Ruthild eine kleine bronzefarbene Gondel, für meinen Geschmack etwas kitschig. „Aber das ist doch schon ziemlich lange her, dass du in Italien warst", erwidere ich, „als Onkel Ewald noch lebte." „Gerade deshalb ist mir dieses kleine Souvenir ja so wichtig. Genau wie hier der bunte geschnitzte Nussknacker. Der erinnert mich immer an unsere Reise ins Erzgebirge. Noch zu DDR-Zeiten. Jedes Mal, wenn ich ihn sehe, muss ich daran denken. Eigentlich haben wir uns immer irgendein Andenken mitgebracht." Während Tante Ruthild noch ein wenig von ihren verschiedenen Urlauben erzählt, habe ich schon mein Handy gezückt, um ihr ein paar Fotos von meiner letzten Fahrradtour durch die ostfriesische „Krummhörn" zu zeigen. Erinnerungen an schöne Erlebnisse sind schon etwas Feines. „Souvenirs", so sang einst Bill Ramsey, „sollen wie das Salz in der Lebenssuppe sein." Das ist ziemlich auf den Punkt gebracht.

Erinnerungen sind wichtig. Nicht nur die an schöne Urlaube. Überhaupt an bedeutsame Ereignisse, sowohl in unserem persönlichen Leben als auch in der weiten Weltgeschichte. Viele Dinge der Gegenwart können wir überhaupt nur verstehen, wenn wir uns an Vorgänge der Vergangenheit erinnern. Mit Recht pflegen wir deshalb – sowohl im privaten wie im öffentlichen Bereich – eine besondere „Erinnerungskultur". Sie trägt nicht nur zu unserer eigenen Persönlichkeitsentwicklung, sondern auch zu einem menschlichen Miteinander und gegenseitigem Verstehen bei. Von dem jüdischen Gelehrten Baal Schem Tov stammt das bekannte Wort: „Das Geheimnis der Erlösung heißt Erinnerung." Vor einigen Jahren war es sogar auf einer Briefmarke zu sehen.

In der Bibel ist außerordentlich oft von „Erinnern" oder „Gedenken" die Rede. Auch das wird seinen Grund haben. „Ich gedenke der Taten Gottes", so oder ähnlich heißt es immer wieder, „ja, ich gedenke deiner früheren Wunder und sinne über alle deine Werke und denke deinen Taten nach" (Psalm 77,12 f). Auch Jesus fordert auf, das Gewesene nicht einfach zu vergessen, wenn er etwa die Einsetzung des Abendmahls mit den Worten beschließt: „Das tut zu meinem Gedächtnis" (Lukas 22,19). Dabei ist für die Bibel Erinnerung etwas anderes als nostalgische Rückschau, so als blättere man in dem vergilbten Fotoalbum der eigenen Geschichte, womöglich um diese am Ende zu verklären. Es geht hier ja um die vergangenen Taten *Gottes*. Ihrer wird gedacht, um für sein gegenwärtiges Handeln überhaupt empfänglich zu werden. Genau davon lebt ja der Glaube, dass Gott auch heute noch unter uns handelt. Ob wir das immer so wahrnehmen, steht auf einem anderen Blatt.

Glaubenserinnerungen sind also noch etwas anderes als ein bloßes Souvenir oder das „Salz in der Lebenssuppe". Frage: Gibt es eigentlich auch bei der Taufe so etwas, das mehr ist als ein Souvenir, mehr als ein bloßes Andenken, das man allenfalls in die Vitrine stellt, mehr als eine nostalgische Rückschau auf den Tauftag? Etwas, das geeignet ist, die Erinnerung an die Taufe lebendig zu halten? Etwas, das wir aus dem Taufgottesdienst mitnehmen, das uns begleitet und uns immer wieder bewusst macht, was es überhaupt bedeutet getauft zu sein?

2

Jennifer kann sich noch gut an das Gespräch erinnern, das sie und Thorsten vor der Taufe ihrer kleinen Alina mit Pfarrer Holtkamp geführt haben. Irgendwann ging es um den Ablauf der Taufe. „Wir hören zunächst den Taufbefehl Jesu", hatte Holtkamp erläutert. „Darauf folgt die Tauffrage an Eltern und Paten und deren antwortendes Ja-Wort. Dann kommt die eigentliche

Taufhandlung. Also die Sache mit dem Wasser. Abschließend spreche ich noch ein kurzes Segensgebet. Wir schließen dann mit einem gemeinsamen Tauflied." Eigentlich ganz easy, hatte Jennifer noch so gedacht. „Ach ja, was auch noch wichtig ist", ergänzte Holtkamp, „wir benötigen natürlich noch einen Taufspruch."

Taufspruch? Jennifer hörte den Begriff zum ersten Mal. „Ja", sagte Holtkamp, „das ist ein Wort, das euer Kind über den Tauftag hinaus begleiten soll und ihm später vielleicht auch ein wenig Lebensorientierung gibt." Spontan musste Jennifer an ihr altes Poesiealbum denken. Dort hatte sich im Laufe der Jahre eine ganze Menge an nachdenkenswerten Lebensweisheiten angesammelt: „Sei wie das Veilchen im Mose, sittsam, bescheiden und rein, und nicht wie die stolze Rose, die immer bewundert will sein." Nun, der musste es ja nicht gerade sein. Auch fiel ihr das kleine braun-verblichene Holzbrettchen ein, das bei Oma über der Anrichte hängt: „Wenn du denkst, es geht nicht mehr, kommt von irgendwo ein Lichtlein her." Schon besser. Und wie lautete noch der Sinnspruch, den sie letztens in dem Glückskeks beim Chinesen gefunden hatte? Irgendetwas mit Achtsamkeit oder so. Ach, es würde sich da schon etwas Geeignetes finden lassen.

„Habt ihr euch darüber schon Gedanken gemacht?" war nun wieder Holtkamp an der Reihe. Während Thorsten ein wenig hilflos die Schultern hochzog, fiel Jennifer noch etwas anderes ein, das ihr für diesen Zweck passend erschien. „Es gibt da doch diesen Spruch aus dem Kleinen Prinzen: ‚Man sieht nur mit dem Herzen gut. Das Wesentliche ist für die Augen unsichtbar.' Das könnte ich mir zum Beispiel gut für unsere Alina denken." Doch sie spürte Pfarrer Holtkamp ein leises Unwohlsein ab. „Nun, das ist sicher kein schlechtes Wort. Ich selbst habe den Kleinen Prinzen auch schon mehrfach mit Begeisterung gelesen. Aber ein Taufspruch müsste schon ein Wort aus der Bibel sein. Das ist keine Schikane, sondern einfach sinnvoll, weil wir es in der Taufe ja nicht mit Allerweltsweisheiten, sondern mit dem Wort Gottes zu tun bekommen." Jennifers Blick wirkte etwas ratlos. Zumal wenn sie die dicke Bibel vor sich auf dem Tisch sah. Schlappe tausend Seiten. Wie sollte man da einen passenden Taufspruch finden?

„Keine Sorge", beruhigte sie Holtkamp. „Ich kann euch da gerne ein wenig behilflich sein. Wenn ihr mögt – hier habe ich eine kleine Vorschlagsliste mit einer ganzen Reihe von biblischen Taufsprüchen, die sich bewährt haben. Man kann natürlich auch mal im Internet surfen. Aber warum wollt ihr euch nicht selbst auf die Suche machen? Niemand verlangt, die ganze Bibel von A bis Z durchzuackern. Vielleicht stöbert ihr zunächst einmal einfach in den Psalmen ein wenig herum. Über das Inhaltsverzeichnis sind sie leicht zu finden."

Abends hocken Jennifer und Thorsten zu Hause am Küchentisch und machen sich auf die Suche nach einem passenden Taufspruch für ihre kleine Alina. Dem Rat Pfarrer Holtkamps folgend blättern sie zunächst tatsächlich ein wenig in den Psalmen herum. Dabei stellen sie fest, dass etliche Verse bereits durch Fettdruck hervorgehoben sind. „Hier", sagt Jennifer, „wäre das nichts? ‚Weise mir, Herr, deinen Weg, dass ich wandle in deiner Wahrheit; erhalte mein Herz bei dem einen, dass ich deinen Namen fürchte'" (Psalm 86,11). „Nicht schlecht", sagt Thorsten, „aber den einen vorhin fand ich eigentlich auch ganz gut. Warte mal." Nach kurzem Zurückblättern hat er seinen Favoriten wiedergefunden: „Der Herr ist mein Licht und mein Heil; vor wem sollte ich mich fürchten? Der Herr ist meines Lebens Kraft; vor wem sollte mir grauen?" (Psalm 27,1). So vergeht der Abend wie im Fluge. Am Ende sind noch drei Taufsprüche „in der engeren Auswahl". Beide beschließen, noch einmal eine Nacht darüber zu schlafen. So ein Wort, das einen über den Tauftag hinaus begleiten und Orientierung geben soll, wie Holtkamp gesagt hatte, will schließlich gut überlegt sein.

3

Nachdem die Entscheidung gefallen ist, ruft Jennifer sogleich Pfarrer Holtkamp an. „Prima, schon notiert.

Dabei ist mir noch etwas eingefallen, was ich neulich ganz vergessen habe. Wie sieht es eigentlich mit einer Taufkerze aus?“ Irgendwo hat Jennifer schon einmal davon gehört. „Wir können gerne eine Kerze von der Gemeinde aus zur Verfügung stellen“, sagt Holtkamp. „Aber manche Eltern oder Paten möchten auch selber eine besorgen. Mit etwas Geschick kann man so eine Kerze dann auch ein wenig gestalten, etwa mit dem Namen des Kindes, dem Taufdatum oder dem Taufspruch.“ „Da fällt mir Holger ein“, wirft Jennifer spontan ein. „Der ist ziemlich gut in sowas. Wir hatten ja ohnehin schon überlegt, ob wir ihn als Paten nehmen sollen. Ja, wir bringen auf jeden Fall eine Kerze mit.“

Später im Gottesdienst erfahren Jennifer und Thorsten, was es mit der Taufkerze überhaupt auf sich hat. Mit ihrer kunstvollen Gestaltung hat sich Holger offenbar große Mühe gegeben. Nun steht sie – allerdings noch unangezündet – neben der großen brennenden Kerze auf dem Altar. Nach dem Segensgebet für Eltern und Paten erklärt Pfarrer Holtkamp: „Diese große Kerze ist die sogenannte ‚Osterkerze‘. Ihr Licht steht symbolisch für Jesus Christus, der von sich sagt: ‚Ich bin das Licht der Welt‘. Ostern deshalb, weil mit der Auferstehung Jesu in der Tat ein neues Licht in die Welt gekommen ist, ein Licht der Hoffnung und der Zuversicht. Ich finde, gerade in diesen Zeiten brauchen wir eigentlich nichts mehr als das. An dieser Osterkerze könnt ihr jetzt eure Taufkerze entzünden. Denn Jesus Christus sagt auch: ‚*Ihr* seid das Licht der Welt.' Das Hoffnungslicht von Ostern soll also durch uns weitergetragen werden in die Welt. Auch durch Alina." Jennifer muss unwillkürlich an ein altes Kinderlied denken, das sie seinerzeit im Kindergarten gelernt hat: „Tragt in die Welt nun ein Licht, sagt allen: Fürchtet euch nicht!"

Nachdem sich Holger alle Mühe gegeben hat, seine kunstvoll gestaltete Taufkerze ohne Panne an der großen Osterkerze zu entzünden, ergreift noch einmal Holtkamp das Wort. „So eine Taufkerze ist eine schöne Erinnerung an diesen wichtigen Tag. Ihr könnt sie zu Hause jeweils am Jahrestag der Taufe anzünden, vielleicht den Taufspruch noch einmal sagen und ein Lied dazu singen. Sobald Alina etwas größer geworden ist, könnt ihr ihr auch eine der Taufgeschichten aus der Bibel vorlesen. Und ihr könnt eurem Kind erzählen, wie das damals war mit ihrer Taufe. Auch, was ihr euch bei der Auswahl ihres Taufspruchs gedacht habt. Und warum es euch wichtig ist, selbst getauft zu sein. Warum nicht auch einen solchen Tag so wie heute etwas festlich gestalten?"

Unversehens ist aus Pfarrer Holtkamps Erläuterungen zur Taufkerze eine regelrechte Predigt geworden. Dabei hat er zuvor schon manches allein über den Taufspruch gesagt. Na ja, manche Leute kommen eben nicht so leicht aus ihrer Rolle raus. Andererseits, findet Jennifer, könnte man über den einen oder anderen seiner Vorschläge ja tatsächlich einmal nachdenken. Wenn es soweit ist. Heute ist ihr Kopf mit anderen Dingen voll.

4

Erinnerungen sind wichtig. Vor allem an Tagen, die eine besondere Bedeutung in unserem Leben haben. Jennifer und Thorsten haben ein paar Hinweise erhalten, wie sie die Erinnerung an die Taufe ihrer kleinen Alina auch später noch wachhalten können: Taufspruch, Taufkerze, Taufgeschichten. Aber auch die *Gemeinde* hat verschiedene Möglichkeiten der Tauferinnerung. Egal, ob ein Mensch seinerzeit im Säuglings-, Kindes- oder Erwachsenenalter getauft wurde.

In den meisten Gemeinden werden die Namen der getauften Menschen – neben den kirchlich Getrauten und Verstorbenen – jeweils im Gottesdienst des nächsten Sonntags verlesen und in die Fürbitte aufgenommen. Zudem werden sie in der kommenden Ausgabe des Gemeindebriefes noch einmal namentlich erwähnt. Kleine, eher unscheinbare Formen des Taufgedächtnisses. Und doch bekundet die Gemeinde damit ihre bleibende Verantwortung für die in ihrer Mitte Getauften. Eigentlich erinnert ja schon das gottesdienstliche Eingangsvotum an die Worte, die auch bei einer Taufe gesprochen werden: „Im Namen des Vaters, des Sohnes und des Heiligen Geistes …"

In anderen Gemeinden ist es üblich, etwa im Kindergottesdienst oder in der Kindergruppe den Jahrestag der Taufe zu feiern. Dank ihrer Personaldatei hat die Gemeinde die Möglichkeit, Eltern und Paten mit einem Brief auf den Jahrestag der Taufe ihres Kindes freundlich hinzuweisen und entsprechend einzuladen. Am Tag selber kann die Taufkerze in die Gruppe mitgebracht und noch einmal entzündet werden. Dazu wird der Taufspruch des betreffenden Kindes vorgelesen. So ähnlich wie bei einem Geburtstag können die anderen Kinder sagen, was sie dem Kind an diesem Tag besonders wünschen. Vielleicht gibt es am Ende von Seiten der Gemeinde auch noch ein kleines Geschenk.

In einem größeren, gemeindlichen Rahmen bietet auch das Kirchenjahr verschiedene Gelegenheiten zur Tauferinnerung. So etwa – in Erinnerung an Johannes den Täufer – der Johannistag am 24. Juni, der 1. Sonntag nach Epiphanias oder der 6. Sonntag nach Trinitatis. Die für diese Tage vorgesehenen biblischen Texte können Anlass sein, die Gemeinde an ihre eigene Taufe zu erinnern und zur Besinnung darüber einzuladen, was es heißt, getauft zu sein. In Erinnerung an die aus der alten Christenheit stammende Praxis, in der Frühe des Ostermorgens zu taufen, hat sich in manchen Gemeinden eine besondere Tauferinnerung innerhalb einer sogenannten „Osternacht“ eingebürgert. So wie mit der Auferstehung Jesu Christi etwas Neues beginnt, so vergewissern sich die getauften Menschen aufs Neue, dass nicht alles beim Alten bleiben muss, sondern ein anderes Leben schon jetzt und hier möglich ist.

Natürlich können auch andere Gottesdienste der Tauferinnerung dienen. Dazu werden etwa die Täuflinge eines Jahrgangs mündlich oder brieflich angesprochen oder auch öffentlich eingeladen. Vielleicht ist im Kirchencafé nach dem Gottesdienst noch Gelegenheit, neben der Taufkerze weitere Erinnerungsstücke zu zeigen: Taufkleider, Fotos, originelle Taufgeschenke oder gar eine alte Taufurkunde von den Großeltern.

Eine noch einmal ganz andere, weil wesentlich verbindlichere Tauferinnerung stellt schließlich die Konfirmation dar, zumal der vorangegangene Konfirmandenunterricht im Grunde nichts anderes als ein nachgeholter Taufunterricht ist. Wer im kirchlichen Unterricht etwas davon verstanden hat, was es heißt, zu Jesus Christus und zu seiner Gemeinde zu gehören, hat mit der Konfirmation die Möglichkeit, nun selber sein „bestätigendes“ Ja zu sagen. Dass bei der Anmeldung zur Konfirmation womöglich auch andere, etwa materielle Motive eine Rolle spielen können, sollte sowohl den Eltern als auch der Gemeinde bewusst sein. Erziehung und Unterricht sollten dieses Thema nicht tabuisieren, sondern die jungen Menschen dazu ermutigen, wirklich ihre eigene, glaubwürdige Entscheidung zu treffen. Selbst auf die Gefahr hin, dass am Ende aus einem Ja ein Nein wird. Gottes bleibendes und unverrückbares Ja bleibt davon unberührt.

5

Erinnerungen sind wichtig. Dazu bedarf es manchmal besonderer Erinnerungsstücke: eine kleine kitschige Gondel aus Venedig, ein bunter geschnitzter Nussknacker aus dem Erzgebirge, ein paar Fotos von der Fahrradtour durch Ostfriesland. Soll das Erlebte nicht irgendwann in völlige Vergessenheit geraten, geht es meist nicht ohne solche Erinnerungsstücke.

Auch die Erinnerung an die Taufe bedarf immer wieder bestimmter Gedächtnishilfen, die allerdings mehr sind als ein bloßes Souvenir. Die sich also nicht nur in der Rückschau ergehen, sondern gleichzeitig die Gegenwart in den Blick nehmen: Was bedeutet es, heute als getaufte Christin und getaufter Christ verantwortlich zu leben? Gelegenheiten für solche Tauferinnerungen gibt es etliche. Nicht alle davon müssen in die Tat umgesetzt werden. Manchmal reicht es ja schon, einfach ein Stück Kreide zur Hand zu nehmen und ein schlichtes „ich bin getauft“ auf den Küchentisch zu kritzeln.

IX. TATKRÄFTIGE ZEICHEN SETZEN

Christsein im Alltag der Welt

1

„Wenn ich das Rathaus betrete, will ich nicht vergessen, dass ich getauft bin." Die Worte des Bürgermeisters beim Gottesdienst in der großen Werkshalle stehen schmucklos im Raum. Wie bitte? Da hatte soeben ein ganz „normaler" Lokalpolitiker, den man bislang vor allem aus den Berichten der örtlichen Tagespresse kannte, eine überraschende Aussage zur Taufe gemacht: Wer getauft ist, nimmt sein Getauftsein in den Alltag mit. Der Bürgermeister in sein Rathaus. Andere woanders hin. Wenn das zutrifft, dann müssen wir uns darüber noch ein paar Gedanken machen.

Oft hört man ja, der Glaube sei „reine Privatsache" und gehe niemanden etwas an. Nur ja nicht auffallen als Christ. In der Öffentlichkeit allenfalls reden, wenn man gefragt wird. Das Schlagwort vom „anonymen Christentum" macht die Runde. Die Folge: Man merkt meist gar nicht, ob jemand getauft ist oder nicht. Das Getauftsein ist dann im Grunde nicht mehr als ein Eintrag ins Familienstammbuch. Doch wenn Jesus zu den

Seinen sagt: „Ihr werdet meine Zeugen sein“ (Apostelgeschichte 1,8), dann geht es offenbar noch um etwas mehr. Ein Zeuge ist ja jemand, der nicht nur in der Lage, sondern auch verpflichtet ist, Auskunft zu geben. Wer getauft ist, sollte damit also gerade nicht hinterm Berg halten.

Doch was besagt es schon, wenn jemand von sich sagt: „Ich bin getauft“? Man nimmt es vielleicht achselzuckend zur Kenntnis. Dieser oder jener ist Christ, nun gut. Diese oder jene hält sich zur Gemeinde. Warum auch nicht? Andere spielen Badminton oder lieben die Toscana. Sie halten es also mit der Kirche. So what? Oder wollte unser Bürgermeister mit seiner Äußerung andeuten, dass die Tatsache, dass er getauft ist, für sein alltägliches Handeln *Konsequenzen* habe? Dass sein Christsein auch an seinem *Verhalten* erkennbar sein müsse?

So gesehen befände er sich durchaus in biblischer Spur. Denn wenn Jesus sagt: „Ihr seid das Salz der Erde“ und: „Ihr seid das Licht der Welt“ (Matthäus 5,13f), dann ist Christsein keine bloße Nomenklatur. „Erde“ und „Welt“ stehen hier ja für unsere erfahrbare Wirklichkeit, wir könnten auch sagen: für unseren Alltag. Was für einen Bürgermeister eben sein Rathaus ist, ist für jemanden anderes vielleicht sein Büro, seine Werkstatt, sein Klassenzimmer, seine Küche oder Stammkneipe. Wieder andere finden sich von montags bis samstags in der S-Bahn, am Gartenzaun, im Supermarkt oder im Handballverein wieder. Unser Alltag hat viele Orte.

Wenn wir Jesu Wort vom „Salz" und „Licht" richtig verstanden haben, dann sollte unser Getauftsein also genau in diesem Alltag verändernde und erhellende *Wirkung* zeigen. Dann wäre es mit einem bloßen Bekenntnis „Ich bin Christ" gar nicht getan. Mit unserem ganzen Verhalten sollen wir sozusagen zu „tätigen" Zeugen werden. Wie wir etwa mit unserer Zeit oder mit unserem Geld, mit unserer Arbeit oder unserer Freizeit, mit unserem Auto oder unserem Einkaufszettel, mit unseren Freunden oder unseren Feinden, mit Tieren, Pflanzen, Wasser, Luft und Boden umgehen, welche Einstellungen wir zu Politik und Rüstung haben, zu Wirtschaft und Gesellschaft, zu Forschung und Kultur – in all dem soll in Wort und Tat nicht nur erkennbar, sondern auch wirksam werden, dass ein Anderer, Jesus Christus, in unserem Leben das Sagen hat.

An den verschiedenen Taufgeschichten der Bibel wurde das ja bereits deutlich: Auch für die Menschen damals bleibt die Taufe nicht ohne Folgen. Sie beginnen, einfach anders, nämlich im Geist Jesu, zu leben. So anders, dass das nicht unbemerkt bleiben kann. Ihr Christsein ist also alles andere als „reine Privatsache". Es hat auch eine *öffentliche* Seite, so dass ihr Getauftsein von ihrer

Umgebung durchaus wahrgenommen wird. Dabei ist es ihnen egal, ob sie damit Beifall finden oder auf Ablehnung stoßen. Für sie kommt es offensichtlich nicht darauf an, der Welt vor allem zu gefallen. Als getauften Christen ist ihnen in erster Linie wichtig, fortan in Verantwortung vor Gott zu leben. „Man muss Gott mehr gehorchen als den Menschen", sagen sie, als ihnen z. B. vor Gericht abverlangt wird, gefälligst ein angepasstes Verhalten an den Tag zu legen (Apostelgeschichte 5,29).

Doch woran soll sich ein verantwortliches Leben vor Gott überhaupt orientieren? Die Bibel lässt hier keinen Zweifel. Es sind schlicht die *Zehn Gebote*. Gewiss, manchmal muss man schon etwas länger darüber nachdenken, was sie im Einzelnen konkret sagen wollen. Was z. B. das Gebot „Du sollst dir kein Bildnis machen" oder „Du sollst nicht töten" heute in unserem Alltag bedeutet. Schon innerhalb der Bibel führt das zu der einen oder anderen Auseinandersetzung.

Das darf jedoch nicht zu dem Fehlschluss verleiten, ein Leben nach Gottes Geboten sei letzen Endes beliebig, weil ja angeblich „alles schließlich Auslegungssache" sei. Dass die Gebote deutungsbedürftig sind, heißt noch lange nicht, dass jeder sie verstehen kann, wie er möchte. Deshalb plädiert der Apostel Paulus vehement dafür, zu „*prüfen*, was der Wille Gottes ist" (Römer 12,2). Seine Antwort: „Alle eure Dinge lasst in der *Liebe* geschehen!“ (1.Korinther 16,14). Das entspricht exakt dem Sinn, den Jesus selbst den Zehn Geboten gegeben hat: „Du sollst den Herrn, deinen Gott, lieben von ganzem Herzen, von ganzer Seele und von ganzem Gemüt.“ Und: „Du sollst deinen Nächsten lieben wie dich selbst“ (Matthäus 22,37.39).

Unerschrocken seinen Mund aufmachen, wo es nötig ist, und sein Verhalten an der Liebe ausrichten – wer wollte da noch behaupten, er wisse nicht, wie er im Alltag der Welt sein Christsein kenntlich machen könne? Ob man es auch *will* und dann auch den dazugehörigen *Mut* aufbringt, das steht auf einem anderen Blatt.

2

Doch wie könnte es *konkret* aussehen, wenn wir gerufen sind, in Wort und Tat im Alltag unseres Lebens nicht vergessen zu machen, dass wir getauft sind?

Wird sich etwa unser Bürgermeister nach Betreten seines Rathauses in den Gremien anders verhalten? Wird ihm das Wohl und Wehe seiner Stadt mehr am Herzen liegen als seine politische Karriere? Wird ihm das Ringen um soziale Gerechtigkeit, um ein friedliches bürgerliches Miteinander, um Bewahrung der Schöpfung wichtiger sein als eine ihm wohlgesonnene Presse?

Wird er sich – etwa im Streit um Ladenöffnungszeiten – an das Gebot, „den Feiertag zu heiligen“ erinnern? Und wird er sich nicht zuletzt im Falle eines politischen Scheiterns an das bleibende Ja erinnern, das Gott ihm in seiner Taufe unwiderruflich zugesprochen hat? Möglichkeiten, wirksame Zeichen für sein Getauftsein zu setzen, wird es in seinem Alltag genügend geben.

Genauso etwa wie für die Ärztin, die sich nach einer eingehenden Diagnose entscheiden muss, ob sie ihrer Patientin die Wahrheit sagen soll oder nicht. Was könnte in einer solchen Situation etwa das Gebot, „kein falsch Zeugnis zu reden wider deinen Nächsten“, besagen? Was ist hier um Gottes Willen zu verantworten: schonungslose Aufklärung oder barmherziges Verschweigen? Oder könnte die Liebe womöglich noch einen anderen Weg gehen? Vielleicht bittet sie in dieser Situation Gott genau darum, dass er ihr den richtigen Weg zeigen und ihr – so oder so – dann auch die richtigen Worte schenken möge. Vielleicht macht sie sich in ihrem ärztlichen Alltag immer wieder klar, dass ein Anderer „der Herr, dein Gott“ ist und nicht sie selbst eine „Halbgöttin in Weiß“.

Oder was bedeutet das Getauftsein etwa für einen Soldaten, der in einem so genannten „Ernstfall“ nun einmal entscheiden muss, ob er die Waffe niederlegt oder doch ergreift, um ein womöglich noch größeres Blutvergießen zu verhindern? Was ist hier der Wille Gottes?

Was bedeutet das Gebot „Du sollst nicht töten." im Falle einer militärischen Auseinandersetzung? Könnte ihm in solch einer Situation vielleicht auch schmerzlich zu Bewusstsein kommen, dass Töten oft schon viel früher beginnt, also bevor man ein Gewehr überhaupt in die Hand nimmt? Dass z. B. unser Lebensstil dazu beiträgt, dass schon jetzt Millionen Menschen an Hunger, medizinischer Unterversorgung oder menschengemachten Umweltkatastrophen gewaltsam sterben? Dass gerade sein Getauftsein ihn daran erinnert, wie sehr wir alle in Schuld verstrickt sind und so auf Vergebung, also auf Gottes großes, bleibendes Ja, angewiesen bleiben?

Ein tatkräftiges Zeichen für ihr Getauftsein könnte auch die sechzehnjährige Julia setzen, die sich vielleicht im Religionsunterricht mit dem Gebot „Du sollst nicht stehlen." beschäftigt hat. Sie könnte sich dazu entschließen, ihren Body nicht in dem Klamottenladen zu kaufen, von dem sie weiß, dass der günstige Preis nur durch die Ausbeutung eines gleichaltrigen jungen Mädchens irgendwo in Pakistan, Bangladesch oder Rumänien zustande gekommen ist. Sie weiß, dass sie sich mit diesem Verhalten bei ihren Mitschülerinnen keine Pluspunkte abholen wird. Doch sie weiß noch mehr um das große Ja Gottes, das in der Taufe über ihrem Leben ausgesprochen worden ist, und das ihr jetzt womöglich die Kraft gibt, den verächtlichen Blicken und Bemerkungen ihrer Klassenkameradinnen standzuhalten.

Und Thorsten? Auch er hat ja bei der Taufe seiner kleinen Alina etwas von Gottes großem Ja, das allen Menschen gilt, gehört. Vielleicht könnte er in der Kabine seines Fußballvereins einmal einen heilsamen Störfall auslösen. Nämlich dann, wenn wieder einmal mit verächtlichen Bemerkungen oder diskriminierenden Witzen etwa über queere Menschen hergezogen wird. Er könnte ganz einfach sagen: „Hört mal, ich finde das nicht in Ordnung. Jeder Mensch ist doch ein Geschöpf Gottes und verdient Respekt.“ Er könnte es natürlich auch bleiben lassen, sich wegducken, so wie die meisten es tun, wenn jemand großspurig und Beifall heischend auftritt. Aber nun hat er – vielleicht nur in der kleinen Viertelstunde während der Taufe seiner Tochter – davon gehört, dass es noch etwas Anderes gibt. Selbst in der Kabine.

Oder auch in der Krabbelgruppe, die Thorsten und Jennifer vielleicht irgendwann für Alina gefunden haben. Hier geht es neben der selbstverständlichen Betreuung der Kleinen natürlich auch um einen Austausch etwa zu Fragen der Erziehung, der Kinderkleidung, der Ernährung oder eines geeigneten Spielzeugs. Dabei werden sie womöglich nicht allem, was dazu in der Gruppe geäußert wird, zustimmen können. Dass es im Leben, wie sie im Taufgottesdienst gehört haben, um Gottes Willen noch andere Werte gibt, als immer nur möglichst hübsch, möglichst begabt, möglichst fehlerfrei oder möglichst erfolgreich zu sein. Ob sie sich damit bei den anderen in der Gruppe unbedingt beliebt machen, wird ihnen egal sein. Seit der Taufe ihrer Tochter wissen sie ja um eine andere Wertschätzung, um Gottes großes Ja, das wichtiger ist.

Vielleicht könnten auch jene Eltern ein erkennbares Zeichen für ihr Christsein setzen, die sich nach einer Pränataldiagnose für ihr Kind mit Behinderung entscheiden. Und das womöglich gegen den sanften Druck von Arzt und Krankenversicherung, auch gegen einen nicht ganz so sanften Druck von Freunden und Verwandten. Vielleicht freuen sich beide gerade auf dieses Kind, das sie als ein überaus kostbares Geschenk aus Gottes Hand nehmen. Und vielleicht wählen sie als Taufspruch: „Ich danke dir dafür, dass ich wunderbar gemacht bin" (Psalm 139,14). Ein Wort, mit dem sie bewusst gegen den Strom einer verbreiteten Meinung, was Menschen mit Behinderung betrifft, anschwimmen.

In der Tat sind viele tatkräftige Zeichen möglich, die jeweils auf ihre Weise von unserem Getauftsein Zeugnis geben können. Jeder hat schließlich seinen eigenen Alltag. Wer seine Taufe ernst nimmt, wird sich deshalb auch nicht den Mund verbieten lassen. Wird da, wo es die Situation erfordert, vielleicht auch einmal schlicht sagen: „Jawohl, ich bin getauft. Jawohl, ich bin Christ. Ich behaupte nicht, dass ich ein besserer Mensch bin, sondern nur, dass ich weiß, wo ich hingehöre."

3

Wer getauft ist, gehört zu Jesus Christus und damit gleichzeitig zu seiner Gemeinde. So ungefähr hatte es Pfarrer Holtkamp bei Alinas Taufe gesagt. Dabei mussten Jennifer und Thorsten unwillkürlich an Katharina denken, die als Patin nicht in Frage kam, weil sie gar nicht mehr in der Kirche war. „Um zu glauben, brauche ich nicht die Kirche“, hatte sie vollmundig behauptet. Man hört das ja vielfach: „Beten kann ich auch zu Hause.“ Andere brauchen die Kirche für ihren Glauben allenfalls als ein Gebäude. So spricht Schlagersängerin Nicole wahrscheinlich für viele, wenn sie sagt: „Ich gehe in die Kirche, wenn niemand drin ist.“ Dann habe sie Gott „ganz für sich alleine“. Aber das ist immerhin die Frage: Kommt der Glaube eigentlich ohne die Gemeinschaft mit anderen Christen aus? Wir stellen diese Frage zunächst einmal zwei Menschen aus der Bibel.

Der eine ist ein Psalmbeter aus dem Alten Testament. Wir treffen ihn in einer für ihn bedrückenden Situation. Einige Leute – er selbst nennt sie seine „Feinde“ – können es offenbar nicht lassen, ihn wegen seines Glaubens, wo sie nur können, zu kränken, zu bedrängen und zu erniedrigen. Immer wieder verhöhnen sie ihn: „Wo ist nun dein Gott?“ Das kommt einem doch irgendwie bekannt vor. Als wir ihm die Frage stellen, ob er für seinen Glauben die Gemeinschaft mit anderen braucht, blickt er uns verständnislos an. Und dann antwortet er mit den Worten eines kleinen Gebets: „Wie ein Hirsch nach frischem Wasser lechzt, so sehne ich mich nach dir, mein Gott! Wenn ich an früher denke, geht das Herz mir über: Da zog ich mit der großen Schar zum Hause Gottes, da konnte ich jubeln und danken in der feiernden Menge" (Psalm 42,2.5). Nun macht er eine kleine Pause und schaut uns noch einmal an: „Ob ich für meinen Glauben die Gemeinschaft mit anderen brauche? Wie könnt ihr nur so fragen? Ja, ich brauche das. Anders könnte ich meine Situation gar nicht ertragen."

Der andere Mensch ist eine Frau aus dem Neuen Testament, ein Mitglied der Gemeinde in Korinth, jener griechischen Weltstadt am Mittelmeer. Ein Schmelztiegel der Religionen und Kulturen, ein krasses Nebeneinander von Reichtum und Armut, ein krudes Gemisch aus Kriminalität und Prostitution. Früher gehörte die Frau zum Strandgut dieser brutalen Stadt, zu jenen Ausgenutzten und Ausgebeuteten, auf deren Kosten sich andere vergnügen und bereichern. Auf unsere Frage hin beginnt sie, ein wenig zu erzählen: Dass sie seit ihrer Taufe zur Gemeinde gehöre. Dass alle sich dort wie die verschiedenen Glieder an einem Leib fühlten. Dass jeder und jede wichtig sei und ernst genommen werde, egal ob jemand Jude oder Grieche, Sklavin oder Freier, arm oder reich, Mann oder Frau sei. „Und wenn ein

Glied leidet", zitiert sie den Apostel Paulus, „so leiden alle Glieder mit, und wenn ein Glied geehrt wird, so freuen sich alle Glieder mit" (1.Korinther 12,26). Nun blickt auch sie uns etwas kopfschüttelnd an: „Ob ich die Gemeinde brauche? Wie könnt ihr nur so fragen?"

Brauche ich die Kirche, um zu glauben? Offenbar ist „brauchen" und „brauchen" nicht unbedingt dasselbe. Es gibt ein Brauchen, bei dem verhält es sich so wie mit einer Eintrittskarte. Ich brauche sie, um z. B. ins Kino zu kommen. In diesem Sinne brauche ich die Kirche für meinen Glauben nicht. Das unterscheidet an dieser Stelle die evangelische von der katholischen Kirche, die für sich beansprucht, „heilsnotwendig" zu sein. Doch findet diese Art von Kirche-Brauchen in der Bibel gar keinen Anhalt. Hier kommen vielmehr Menschen zum Glauben an Gott, ohne dass nach irgendeiner Eintrittskarte gefragt würde.

Ein ähnliches Brauchen begegnet uns, wenn Menschen etwa danach fragen, was denn überhaupt die Gegenleistung für ihre Kirchenmitgliedschaft sei. Das entspringt der bekannten wirtschaftlichen Logik, wonach Preis und Leistung sich in einem angemessenen Verhältnis befinden müssen. Auch hier ist es wie mit einer Kinokarte. Ihr Preis sollte nach Möglichkeit dem Wert der dafür erhaltenen Gegenleistung, etwa der Qualität des Films oder des Komforts des Kinos, entsprechen. Wer mit dieser Logik an das Thema „Kirchenmitgliedschaft“ herangeht, wird womöglich zu dem Ergebnis kommen, dass er aufs Ganze gesehen für seinen „Preis“, etwa die Kirchensteuer, herzlich wenig „Gegenleistung“, etwa Taufe, Trauung und Beerdigung, herausbekommt.

Es könnte indes noch ein ganz anderes Brauchen geben, wenn es um das Thema „Kirche“ geht. Es beruht auf der Erkenntnis, dass wir vor allem *einander* brauchen – auch im Glauben. Denn welcher Christenmensch wollte ernsthaft behaupten, dass er nicht der Solidarität anderer Christinnen und Christen bedürftig sei? Dass er nie in die Verlegenheit kommen werde, einmal getröstet oder ermahnt zu werden? Dass es niemanden gebe, der umgekehrt einmal seine Anteilnahme und Hilfe in Anspruch nehmen könnte? Könnte es nicht sein, dass er mit seiner Behauptung, für seinen Glauben die Kirche nicht zu brauchen, vielleicht einer naiven Selbstüberschätzung erliegt? Und könnte es nicht auch sein, dass einen allein die Gewissheit, als getaufter Mensch zur weltweiten „Gemeinschaft der Heiligen“ zu gehören, wie es unser Glaubensbekenntnis formuliert, im Glauben stärkt? Die Gewissheit: Ich bin mit meinem Glauben und mit meinem Zweifel, mit meiner Liebe und mit meinem Schuldigwerden, mit meiner Zuversicht und mit meinen Ängsten nicht allein. „You'll never walk alone“ – das gilt auch für den Glauben.

So könnte am Ende allein eine bloße Kirchenmitgliedschaft, wie sie in der Taufe eben auch begründet wird, schon ein tatkräftiges Zeichen sein. Auch bei einer bloß „zahlenden Mitgliedschaft" bringe ich mich ja mit meinem finanziellen Beitrag in eine große Solidarität ein. Trage auch ich dazu bei, dass etwa in kirchlicher Trägerschaft befindliche Kindergärten, Schulen, Freizeitangebote für Jugendliche, Erwachsene und Senioren, diakonische Hilfen, Beratungsstellen, die Telefonseelsorge, Krankenhäuser, Pflegeheime oder Hospize erhalten bleiben. Dass ich mich mit meiner Kirchenmitgliedschaft nicht zuletzt auch am weltweiten Kampf gegen Hunger, Armut, Ausbeutung und Menschenrechtsverletzungen beteilige.

Und so könnte vielleicht auch das ein Tauflied sein:

Einander brauchen

2. Einander tragen in Traurigkeit,
gemeinsam heilen die Einsamkeit.

3. Einander helfen in Leid und Not,
gemeinsam danken für Wein und Brot.

4. Einander mahnen in Zank und Streit,
gemeinsam lindern die Bitterkeit.

5. Einander streicheln in Schlaf und Traum,
gemeinsam liegen im Apfelbaum.

6. Einander sagen, was recht und gut,
gemeinsam bitten um etwas Mut.

7. Einander glauben zu jeder Zeit,
gemeinsam hoffen schon himmelweit.

(Text und Musik: Okko Herlyn. © tvd-Verlag, Düsseldorf)

Die Politikerin Annalena Baerbock, die sich selbst als „nicht ganz gläubig" bezeichnet, begründet z. B. ihr Verbleiben in der Kirche damit, dass ihr Werte wie Gemeinschaft, Nächstenliebe und Verantwortung wichtig seien. Auch so kann man ein Zeichen setzen. Jenseits aller üblichen Logiken könnte also die Kirche als die Gemeinschaft aller Getauften noch einmal ganz anders „gebraucht" werden. Auch wenn ich mit dem einen oder der anderen innerhalb dieser Gemeinschaft nicht immer gleichen Glaubens oder auch nur gleicher Meinung bin.

Im Alltag des Lebens nicht vergessen, dass man getauft ist, in Wort und Tat Zeichen für jenes große Ja setzen – damit wird man sich gewiss nicht überall

Freunde machen. Aber wo steht geschrieben, dass ein ernsthaftes Christsein immer windschnittig durch die Weltgeschichte segelt? „Stellt euch nicht dieser Welt gleich“, schreibt der Apostel Paulus (Römer 12,2). Niemand wird behaupten, dass das immer einfach ist. Dass es dazu vielmehr oft auch eine gehörige Portion Tapferkeit, eine gehörige Portion christliche Zivilcourage und manchmal vielleicht auch ein wenig – Humor braucht.

Aber darum können wir ja Gott bitten.

QUELLENANGABEN

IV. ICH SAGE JA

S. 41 f.: Okko Herlyn, Ich sage Ja zu dem, der mich erschuf, in: Lieder und Psalmen für den Gottesdienst. Ergänzungsheft zum Evangelischen Gesangbuch, hg. vom Kirchenamt der Evangelischen Kirche in Deutschland, Leipzig 2018, 20.

V. WIE SOLL MAN SICH ENTSCHEIDEN?

S. 53 und 57: Heidelberger Katechismus. Revidierte Ausgabe 1997, hg. von der Evangelisch-reformierten Kirche u.a., Neukirchen-Vluyn 2015[7], 47 und 9.

S. 54: Kurt Marti, geburt, in: ders., Der Heilige Geist ist keine Zimmerlinde. Achtzig ausgewählte Texte, Stuttgart 2000, 58.

S. 57: Martin Luther, zit. nach Kurt Aland (Hg.), Lutherlexikon, Göttingen 1983[4], 322.

VII. „IM CHRISTLICHEN GLAUBEN ZU ERZIEHEN"

S. 78: Friedrich Karl Barth/Peter Horst, Kind, du bist uns anvertraut, in: Evangelisches Gesangbuch, Gütersloh u.a. 1996, 596, 3.

VIII. MEHR ALS EIN SOUVENIR

S. 84: Antoine de Saint-Exupéry, Der Kleine Prinz, Düsseldorf 1981, 52.

S. 87: Wolfgang Longardt, Tragt in die Welt nun ein Licht, in: Evangelisches Gesangbuch, Gütersloh u.a. 1996, 538.

IX. TATKRÄFTIGE ZEICHEN SETZEN

S. 106 f.: Okko Herlyn, Einander brauchen, in: Mein Liederbuch für heute und morgen, hg. vom Arbeitskreis für kulturelle Bildung und Medienarbeit der Jugendkammer der Evangelischen Kirche im Rheinland, Düsseldorf o. J., C 11.

Copyrights

Ich sage Ja. Text und Musik:
Okko Herlyn. © tvd-Verlag, Düsseldorf.

Einander Brauchen. Text und Musik:
Okko Herlyn. © tvd-Verlag, Düsseldorf.

Kind, du bist uns anvertraut.
Text: Friedrich Karl Barth, Peter Horst.
© Friedrich Karl Barth.

Soweit nicht anders angegeben, sind die Bibelverse entnommen aus:

Lutherbibel, revidiert 2017,
© 2016 Deutsche Bibelgesellschaft, Stuttgart.

S. 103: Gute Nachricht Bibel, durchgesehene Neuausgabe, © 2018 Deutsche Bibelgesellschaft, Stuttgart.